《评估指南》背景下幼儿园保育教育

品德教育

主编◎徐曼丽　陈晓鹭　韩　志

中国出版集团有限公司

世界图书出版公司

北京　广州　上海　西安

图书在版编目 (CIP) 数据

《评估指南》背景下幼儿园保育教育：全 10 册 / 徐
曼丽 , 陈晓鹭 , 韩志主编 .-- 北京 : 世界图书出版有限
公司北京分公司 ,2025.7.-- ISBN 978-7-5232-1983
-6

I. G617

中国国家版本馆 CIP 数据核字第 2025W266Y8 号

书　　　名　《评估指南》背景下幼儿园保育教育：全 10 册
　　　　　　《PINGGU ZHINAN》BEIJINGXIA YOU'ERYUAN BAOYU JIAOYU: QUAN 10 CE

主　　　编　徐曼丽　陈晓鹭　韩　志
总 策 划　吴　迪
责 任 编 辑　刘梦娜
特 约 编 辑　李圆圆

出 版 发 行　世界图书出版有限公司北京分公司
地　　　址　北京市东城区朝内大街 137 号
邮　　　编　100010
电　　　话　010-64033507（总编室）　　0431-80787855　　13894825720（售后）
网　　　址　http://www.wpcbj.com.cn
邮　　　箱　wpcbjst@vip.163.com
销　　　售　新华书店及各大平台
印　　　刷　保定市铭泰达印刷有限公司
开　　　本　787mm×1092mm　1/16
印　　　张　117.75
字　　　数　460 千字
版　　　次　2025 年 7 月第 1 版
印　　　次　2025 年 7 月第 1 次印刷
国 际 书 号　ISBN 978-7-5232-1983-6
定　　　价　980.00 元

序

学前教育工作是一项奠基工程，也是一项未来工程。办好学前教育，关系亿万儿童健康成长，关系社会和谐稳定，关系党和国家事业未来。

党的十九大提出，要在"幼有所育""幼有优育"上不断取得新进展，习近平总书记就学前教育改革发展多次作出重要批示。我国已经进入高质量发展阶段，党的十九届五中全会从国家层面提出了建设高质量教育体系的要求。由此，学前教育已真正成为高质量教育体系的有机组成部分。

"十四五"是学前教育从高速增长向高质量发展转型的关键期，即从公益普惠向优质发展。为此，我们应根据高质量的要求，深入思考学前教育改革和发展中关于"培养什么人、怎样培养人、为谁培养人"的根本问题。2022年2月，教育部印发《幼儿园保育教育质量评估指南》（以下简称《评估指南》）指出，坚持社会主义办园方向，践行立德树人的使命，树立科学评价导向，推动构建科学保教体系，整体提升幼儿园办学水平和保教质量。《评估指南》首次将"品德启蒙"列入幼儿园"办园方向"关键指标，幼儿品德启蒙教育的重要性愈加凸显。

幼儿教育除了文化启蒙，更重要的是良好品德的培养，对于幼儿个体成长与发展具有重要的奠基作用。

《评估指南》颁布两年以来，各地纷纷响应，践行文件精神。但是很多幼儿园依然无法理解和参透《评估指南》的精髓，无法真正落实其精神，不知如何在保育教育中践行。在现实执行过程中文件是文件，保教过程是保教过程，两者出现了剥离，前者成了用来学习的理论，并没有很好地引导后者质量的提高。

怎样在两者之间架起联系的桥梁，让文件的精神落实在保教过程中，更契合一线工作者的需求呢？

本书立足幼儿品德启蒙教育探索与研究，以习近平新时代中国特色社会主义思想为引领，贯彻《新时代幼儿园教师职业行为十项准则》和《评估指南》，从《评估指南》中提取品德教育、保育工作、运动健康、安全工作、一日生活、幼小衔接、师幼互动、家园共育、环境创设、园本教研十个核心方面，分别进行阐述，其内容全面，涉及幼儿园工作的各个方面；每册目标鲜明、主题突出、论述亲切、可读，案例选材经典、主题深入、分析精练，有利于教师灵活使用。

为了增强可读性、时效性和操作性，图书中的案例作者以幼儿园一线教师为主，事件是发生在实际生活中的，建议是基于成功经验的总结和提升的，他们能够以理论为工具，对教育行为和实践进行对照分析，每个案例的说明，都以落实《评估指南》为目标，能尽快提高师德素养与保教能力，也有助于幼儿家长等社会人士了解幼儿品德启蒙教育的相关知识与技巧。

希望本书能够引起广大教师的共鸣，为幼儿品德启蒙教育实践提供借鉴与指导。让《评估指南》不再是文字要求，而是行为自觉。

希望这本书能给幼教工作者们以启发，也希望对幼儿园品德课程改革起到引领、启迪和借鉴的作用。

杨雅清

前言

　　"蒙以养正，圣功也。"中华民族非常重视品德教育，在蒙童时期培养正直无邪的品质，是造就圣人的成功之路。党的十八大以来，习近平总书记高度重视"立德树人"在教育中的重要地位和作用，多次强调要坚持把立德树人作为根本任务，培养德智体美劳全面发展的社会主义建设者和接班人。2022年教育部印发了《幼儿园保育教育质量评估指南》(以下简称《评估指南》)，明确提出了品德启蒙的关键指标，将"全面贯彻党的教育方针，落实立德树人根本任务，坚持保育教育结合，将培育和践行社会主义核心价值观融入保育教育全过程，注重从小做起、从点滴做起，为培养德智体美劳全面发展的社会主义建设者和接班人奠基"作为幼儿园保育教育质量的考察要点。

　　本书的编写旨在向广大教师分享在幼儿园教育中依据《评估指南》对幼儿进行品德教育的实践经验，进一步落实"立德树人"这一根本任务。同时，本书并不局限于教学案例的堆砌呈现，而是以教学案例为切入点，通过细致的案例分析和具体的教学策略来启发教师对于幼儿品德培养的进一步思考。

本书将品德教育的案例归类为理、情、行、恒四节，各节编写说明如下：

晓之以理——以语言故事为切入点，精心选择绘本故事和经典故事，通过谈话、讨论、情景对话、语言游戏、语言表演等方式，使品德教育更加生动有趣，有效地帮助幼儿理解品德内涵，外化品德行为。

动之以情——以亲身体验为融合点，以室内外活动中的品德教育为主要目标，结合朗朗上口的儿歌、口诀等形式，帮助幼儿在游戏中树立品德意识，提升品德教育的有效性。

导之以行——以实际行动为落脚点，在园所环境、人文环境、传统节日中进一步探索，引导幼儿亲体验、重实践、会生成。在活动中萌生德性、夯实德育、固化德行，将幼儿良好品德外化于日常行为。

持之以恒——以协同发展为支撑点，通过家教贴士、亲子游戏、家园社同步等多种途径，推荐科学培育幼儿良好品德的理论知识和方法。通过家园合作的双向互动，整合各项有效资源进行深度合作，进而提升幼儿品德教育的时效性。

本书可以作为教师培训和幼儿园品德教育的指导手册，书中的每个部分都可成为教研活动的实践基础。通过学习本书我们衷心希望能够提升广大一线教师对品德教育的认知水平，在实践中寻找到品德教育的有效方法和多种路径，不断提升自身的专业发展。

目 录

第一章　新时代背景下的幼儿园品德教育

第二章　幼儿园品德启蒙教育

微信扫码
● AI 教学助手
● 内容图谱
● 知识图卡
● 保育笔记

第一章

新时代背景下的幼儿园品德教育

第一节　品德教育的新时代背景

百年大计，教育为本。教育是民族进步的基石、社会发展的助推剂。自古以来，品德教育是各个时代教育内容的重要组成部分。"克己复礼""勿以恶小而为之，勿以善小而不为"等都是品德教育相关的名言。《大学》中提到"修身齐家，治国平天下"，告诫我们只有先修养好自己的品德，才能治理好家庭和国家。中国现代幼儿教育奠基人陈鹤琴先生的"活教育"理论、幼儿家庭教育理论等也深刻剖析了品德教育的相关内容。

党的十八大以来，习近平总书记高度重视立德树人在教育中的重要地位和作用，多次强调要坚持把立德树人作为根本任务，培养德智体美劳全面发展的社会主义建设者和接班人。党的十九大又一次强调：教育的根本任务是立德树人。党的二十大报告再次指出：全面贯彻党的教育方针，落实立德树人根本任务，培养德智体美劳全面发展的社会主义建设者和接班人。

"立德树人"的本质是培养什么样的人和怎么样培养人的问题，强调树人先立德，强调立德与树人的结合。"德"不仅仅是指道德品质和道德能力，还包括理想信念、人生价值追求和法律素养等，是一个人世界观、人生观、价值观、道德观、法治观的集中反映。"立德树人"教育思想指出了德育与其他教育形式有机结合的必要性。

习近平同志强调，立德是一个人做人的基础。早在浙江工作期间他就提出："人而无德，行之不远。没有良好的道德品质和思想修养，即使有丰富的知识、高深的学问，也难成大器。"2014年教育部印发的《关于全面深化课程改革落实立德树人根本任务的意见》中，首次提出了"核心素养体系"概念，而其中的社会参与方面就提到了品德教育的有关内容。社会参与重在强调能处理好自我与社会的关系，养成现代公民所必须遵守和履行的道德准则和行为规范，增强社会责任感，发展成为有理想信念、敢于担当的人。2018年5月2日，习近平总书记在北京大学师生座谈会上的重要讲话中提到"才者，德之资也；德者，才之帅也。"这句话出自司马迁的《资治通鉴》，讲明了才能与德行二者之间的关系，才能是德行的凭借，德行是才能的统帅。同时，习近平总书记还强调了"人无德不立，育人的根本在于立德"，要把立德树人的成效作为检验学校一切工作的根本标准。同年召开的全国教育大会上，习近平总书记再一次明确了要把立德树人贯穿到教育的各环节、各领域中。由此可见，在实现中华民族伟大复兴中国梦的道路上，通过多种途径和方式在各个教育阶段中开展品德教育势在必行。

近年来，国家发布的一系列政策也对幼儿品德教育提出了十分明确的要求。《3～6岁儿童学习与发展指南》（以下简称《指南》）是我国学前教育阶段蓬勃发展的重要里程碑，为学前教育的具体实施提供了正确的思路。《指南》以幼儿为中心，遵循幼儿身心发展规律，尊重幼儿成长的个体差异，强调了幼儿在健康、语言、社会、科学以及艺术五大领域的学习和发展目标。《指南》中"如何与他人友好相处、建立积极健康的人际关系"等目标的设立均是品德教育的具体体现。《幼儿园工作规程》则指出："幼儿园的品德教育应当以情感教育和培养良好的行为习惯为主，注重潜移默化的影响，并贯穿于幼儿生活以及各项活动之中。"这充分证明了教师应注重在一日生活中对幼儿进行潜移默化的品德教育。《评估指南》中也明确提出了品德启蒙的关键指标，将"全面贯彻党的教育方针，落实立德树人根本任务，坚持保育教育结合，将培育和践行社会主义核心价值观融入保育教育全过程，注重从小做起、从点滴做起，为培养德智体美劳全面发展的社会主义建设者和接班人奠基"作为幼儿园保育教育质量的考察要点。

品德是人类建立和平世界、享受美好生活的基础，是社会文明发展前进的核心。学前教育阶段是基础教育的基础，是终身教育的开端，也是国民教育体系的重要组成部分。根据皮亚杰的道德发展阶段理论，幼儿时期是个体由他律走向自律的阶段，处于此年龄段的幼儿尚未形成成熟的世界观和价值观，只要善于引导便能在心底种下良好品德的种子。因此，在学前教育阶段应当恰当、正确地对幼儿进行品德教育，帮助幼儿认识到哪些行为是正确的，使幼儿在潜移默化中形成正确的世界观和价值观，提高其思想道德素质，为幼儿的发展指明正确的方向。

微信扫码

● AI 教学助手
● 内容图谱
● 知识图卡
● 保育笔记

第二节 品德的内涵

古今中外一代代的思想家、学者投身于对品德的探索，在这一过程中取得了颇为丰富的研究成果。

品德与道德，二者相互联系又有所区别。品德的内容源自道德，是道德在个体内在品质上的具体体现，道德呈现出来的是一种社会现象，是属于上层建筑的研究领域，而品德是社会道德在个体身上的体现，道德研究主要关注社会和群体中的道德现象，品德研究主要关注个体的道德现象。社会是由每个具体的人组成的，因此，社会整体的道德面貌依赖于每个社会成员品德的良好发展。

在西方，品德意为雕刻、铭刻，后逐渐引申为道德行为的规范，指良善的行为、美好的品性需要持续磨砺。品德在西方伦理思想中对应的概念是德性，西方文化认为德性是人们优秀品质的一种，是在一定社会环境中形成的有利于个体及其社会共同体持续发展的品质。亚里士多德也认为，品德是运用理性中的使用智慧和重用的标准来进行思考和行为的一种稳定性的气质特征。

教育学和心理学侧重于把品德作为一种个体的心理现象来研究，

把品德看作"个体依据一定的道德行为规范行动时表现出来的比较稳定的心理特征和倾向"。伦理学对品德的研究，聚焦个体的道德行为，关注主体的道德品质，把品德看成道德品质的简称，是指"体现一定社会或阶级的道德原则和规范，并具有稳定性和一贯性的个体道德意识和行为总体的根本属性"。

回溯到中国古代，品德的概念更是源远流长。在先秦时代就提倡"德育至上"的理念；在春秋末期，孔子就大力提倡道德教育，主要表现就是"仁"和"礼"，与此同时孔子还提倡建立大同社会，实现人人安乐；明代学者在《寿江若海》中首次将"品"和"德"合并为品德一词，"名誉高缙绅，品德洁清修"，品德在这里意为高洁的品质道德。

在近代，关于品德结构一直都是研究和探讨的重点。1959 年，潘菽在他主编的《教育心理学》一书中首次提出了品德心理结构，是由知、情、意三种要素构成，之后又有人提出了"四因素说""五因素说"和以世界观为核心的"多因素说"。林崇德的《论品德的结构》、谢慧盈的《品德结构分析》等文章对其进行了进一步探讨。《中国小学教学百科全书·品德卷》中明确指出：品德，即"道德品质"，"是一定的社会道德原则和规范在个体思想和行为中的体现，是个体在一系列行为中表现出的相对稳定的特征和倾向。它是在道德教育过程中，通过活动和交流，将一定的社会思想道德规范内化为个体稳定的特征而形成的。一个完整的道德品质，包含着思想道德知识（知）、情感（情）、信仰（信）、意志（意）、行为习惯（行）五个要素，这五个要素是均衡和谐发展的"。

从上述研究中可以得出，广义的品德包括政治品质、思想品质、道德品质，狭义的品德专门指道德品质。品德不是与生俱来的，它是在社会道德原则和规范下产生的，在个体自身实践活动中，形成的相对稳定的心理特征和行为习惯的总和。品德一旦形成就具有比较稳定的倾向，并在个人付诸道德行为时表现出来，它不单纯是一种行为习惯，而是集知、情、信、意、行等诸多因素为一体的一种道德素质。认识是品德形成的基础，而行为习惯则是品德的外在体现，所以幼儿品德教育就是将社会的道德规范转化为幼儿自身的思想、行为、意识的过程。

品德指引着人们对真、善、美的追求。真、善、美是人类永恒的追求目标和共同的价值取向，是人类价值体系的中心内容，求真、向善、爱美是人类的天性。习近平指出："要深入开展群众性精神文明创建活动，广泛开展社会公德、职业道德、家庭美德、个人品德教育，不断提升人民文明素养和社会文明程度。"这表明了社会成员品德的养成对提升社会文明程度具有积极的促进和推动作用，社会成员品德总体水平的优劣直接影响着社会文明程度的高低。德是立身之本，而幼儿时期正是培养儿童道德品质的关键启蒙阶段。儿童良好道德品质的形成并非一朝一夕之功，应在日常生活的细节中逐渐熏陶、培养，这就要求家庭和幼儿园要通力配合，认识丰富的品德内涵，抓好幼儿思想认知的关键期进行品德教育，认真落实"立德树人"的根本任务。

第三节　品德教育定义

品德是衡量个人综合素质的重要指标，它是指在具有价值规范思想的指导下，在个人品德行为中表现出来的具有较为稳定的心理特点、思想倾向和行为习惯的总和。人的品德和人们生活所处的社会、经济、政治、道德环境有着重要关系，它和一个国家的社会发展水平息息相关。受教育者的道德认识、道德情感、道德行为和道德意志等方面的基本要素是品德的实质。

品德教育的定义，国内外学者尚未形成较为统一的观点，综合其原因主要有两点：其一，对品德教育的范围界定不统一；其二，对品德教育的定义概括思路不统一。

关于品德教育的范围界定，主要有以下几种观点：品德教育就是道德教育；品德教育就是思想政治教育；品德教育就是将人的思想、政治、道德、行为、心理教育结合在一起。以上这些关于品德教育范围的界定是比较普遍的观点，除此之外，还有许多学者认为应该将儿童心理健康教育纳入品德教育。

《中国袖珍百科全书社会科学卷》中将品德教育定义为：教育者

按照一定的社会或阶级要求，有目的、有计划、有组织地对受教育者施加系统的影响，把一定的社会思想和道德规范转化为个体的思想意识和道德品质的教育。在 2011 年版最新《辞海》中并没有对品德教育做具体的解释，但有关于品德的内容，将品德教育定义为指向幼儿进行政治思想和道德品质的教育。

陈鹤琴"活教育"思想充分体现了对幼儿的素质教育，尤其是对幼儿品德教育的重视。陈鹤琴认为做中国人难，做一个现代中国人是难上加难。要想成为一个有道德情操的人，就必须具备善于合作和沟通的能力、服务大众的奉献精神。"活教育"的主要品德教育目标就是培养幼儿如何待人接物以及合作的精神。在品德教育目的、内容、方法等方面的"变活"，是陈鹤琴先生长期教育研究与教育实践的总结。针对中国传统幼儿品德教育，他能够去其糟粕取其精华，将幼儿学习带向社会，融入自然，一方面开阔了幼儿视野，教会他们如何做人；另一方面改变了以往毫无生气的课堂面貌，更有利于幼儿身心发展和智力提升。

全面实施品德教育，要教会幼儿做人，使幼儿做好中国人，还要做好一名现代中国人，但是做到这两点要面临很多困难。陈鹤琴认为，在教学过程中要对幼儿的心理进行充分把握，幼儿有很多心理特征，例如，喜欢受到人们的赞扬、合群、喜欢野外活动等。在教学过程中要将幼儿的心理特点结合起来，才能够实事求是提出很多品德教育策略。

南京师范大学教育科学学院学前教育系教授黄人颂认为，品德教育是教育者按照一定的社会要求，有目的、有计划地对受教育者施加影响，以培养其社会所期望的品德。学前儿童身心发展的特点决定了他们的道德认识、道德情感、道德行为处在发生发展过程中，由此决定对他们实施的品德启蒙是道德教育的开端，主要是引导幼儿在与周围成人及同伴的交往过程中，学习如何处理相互关系，了解日常生活中的行为准则，逐步培养起良好的行为习惯。

陶行知提出的品德内容内涵丰富，以爱国主义和集体精神为基本要义，主要包括爱国爱民教育、民主法治教育、人格教育和理想教育等。先生指出："国家是大家的，爱国是一个人的本分。""人民是我们的亲人，我们是人民的亲人，必须亲近，打成一片，并肩作战。"此外，陶行知还提出："品德内容不是一成不变的，而是与时俱进的，面对幼儿不同的生活，教育的内容应有所不同，品德的内容自然也应是不同的。"

以上关于品德教育的种种观点都符合品德教育的基本内质，关于品德教育概念的具体理解主要集中在品德教育的内容和教育的过程两个方面。

无论学者们是出于对品德教育的内容考虑，还是针对品德教育的过程思考，都无法影响时代发展对品德教育的要求。随着社会经济的不断迅速发展，人们的观念也在随之变化，越来越多的人乐于接受品德教育的范围也更广泛。本书认为关于品德教育的相关定义可以向除了思想教育、道德教育、政治教育之外的内容扩展，例如，心理教育、人格教育等方面，综合学者们关于品德教育的概念理论，本书将品德教育定义为：通过理论教授或实践参与的方式，有计划、有目的地对受教育者进行品德要求和行为规范，从而提高受教育者品德修养，使受教育者在特定社会和阶级规范下形成良好素质的活动。

幼儿园的重要任务是立德树人，要把良好的品德之种早早播撒在幼儿的心田，让它慢慢发芽，苗壮成长，早日长成参天大树。这一重要任务的执行者具体来讲就是幼儿园，当然家庭教育也承担着很大责任，同时家庭教育起到了示范教育的作用。教育要从小抓起，要从每一名幼儿的点点滴滴抓起。在幼儿品德培养方面，家庭、幼儿园、社会都负有不可推卸的责任，要携手合作，同步推进，共同努力，形成强大合力。要尽力把诸如团结友爱、合作分享、尊老爱幼、诚实守信、积极乐观、遵守秩序、热爱劳动、独立自主和机智勇敢等优良品质教给幼儿，让幼儿学会做人、学会做事、学会共处，使他们成为爱党、爱国、爱家乡、爱集体，能与同伴友好交往以及文明礼貌的高尚之人。

第四节　学前儿童的品德启蒙

在我国古代，"品德启蒙"的概念早已经被提出，《周易·蒙卦》指出："蒙以养正，圣之功也。"意思是儿童蒙而无知，要及时进行教育，使不失其正。《易经》中《序卦》曰："蒙者，蒙止，物之稚也。"幼童于事多暗昧（此处应为"昧"），因此称之童蒙。启迪童稚，消除暗昧称之启蒙，或称之发蒙、训蒙、养蒙、开蒙。《辞海》解释为："开发蒙昧，指教育童蒙，使初学的人得到基本的知识。"因此，可以将"品德启蒙"的"启蒙"理解为两层意思，一是启迪幼儿的蒙昧，二是把启蒙作为一种方法和手段，用启蒙的方式对幼儿进行品德教育。幼儿的品德启蒙"有如时雨化之者。当其可，乘其间而施之"，品德启蒙应贯穿于幼儿一日生活的方方面面，渗透在幼儿的教学活动、游戏和日常生活之中。3～6岁的幼儿正是品德与个性等心理素质形成的敏感期，应充分利用幼儿不断增强的自我意识，通过发展自我认知、自我评价与自我调节，调动幼儿的主动性、积极性，展开幼儿园的品德启蒙教育。

对学前儿童进行品德教育的目的就是促进幼儿的品德发展。为使幼儿品德健康发展，增加幼儿园对品德启蒙教育的内部动力，有利于发挥幼儿园品德启蒙教育发展的主动性，幼儿园的品德教育应既是独立的教育，又是渗透幼儿一日生活的教育。教师应该注重在日常活动中的德育渗透，在游戏活动、集体活动以及一日生活各项活动中促进幼儿的认知发展，这样才能自然而然地促进幼儿品德发展。

正如《评估指南》中将品德启蒙作为幼儿园办园方向的重要指标之一，即要求幼儿园全面贯彻党的教育方针，落实立德树人的根本任务，将社会主义核心价值观融入保育教育过程，为将幼儿培养成社会主义建设者和接班人奠定坚实的根基做出切实的努力。习近平总书记强调，人类社会发展的历史表明，对一个民族、一个国家来说，最持久、最深层的力量是全社会共同认可的社会主义核心价值观。核心价值观，承载着一个民族、一个国家的精神追求，体现着一个社会评判是非曲直的价值标准。社会主义核心价值观是当代中国精神的集中体现，是每一个公民都应该遵循的道德品质，它既是个人的德，又是社会的德、国家的德。国家与社会的德映射在幼儿园的教育，即幼儿园品德启蒙教育。

第二章
幼儿园品德启蒙教育

第一节　晓之以理——以语言表演为切入点

绘本故事

蚂蚁和西瓜

视频二维码

▶ **案例背景**

今天，我们分享了绘本《蚂蚁和西瓜》后，幼儿对故事中聪明团结的小蚂蚁非常感兴趣，准备尝试进行一次有趣的故事表演。于是，大家开动脑筋，积极思考，开始了准备活动前的大讨论。

▶ **案例描述**

首先，在分配角色时，几个幼儿都抢着要当"蚂蚁队长"，于是老师请幼儿们自由讨论由谁来当最合适。

睿睿："我个子最高，我适合当蚂蚁队长！"

东东："不对，蚂蚁队长是最聪明的人。"

佳佳："不对，应该是力气最大的人适合，我想当……"

幼儿们僵持了很久，谁也不肯让步，老师见状说：""既然大家都想当，那有没有什么公平的办法来选出队长？"这个时候，甜甜突然说："那我们用'剪刀石头布'吧！"静静也说："还可以轮流当。"小朋友们你一言我一语，想到了很多办法，最后大家决定用"剪刀石"头布"的方法，成功选出了"蚂蚁队长"。

接着，在准备道具时，每个小朋友也都有自己的看法。

老师："表演时需要很多小蚂蚁的头饰，该怎么准备呢？"

明明："自己制作自己的。"

娟娟："让做得好的小朋友做。"

淼淼："不行，那样太慢了，而且不公平！"

老师："那你们有什么更好的办法吗？想想故事中的小蚂蚁是怎么做的？"

昊昊："可以小组一起合作完成，还可以互相帮助。"

老师："你们都同意吗？"

最后，小朋友们举手表决，都同意了昊昊的办法，大家一起分组行动起来，共同为这场故事表演做起了准备……

▶ 案例分析

1. 从幼儿"如何公平地选出蚂蚁队长"的讨论交流中可以看出，大班幼儿的生活经验很丰富，他们逐渐明白了公平的原则和需要服从集体约定的意见，知道合作时大家需要相互协调、配合，有时甚至需要作出一点牺牲。

2.幼儿因为角色产生了冲突，教师在旁边观察到这一现象后并没有直接给予指导，而是及时引导幼儿回忆《蚂蚁和西瓜》绘本中小蚂蚁的做法，鼓励幼儿自己讨论想出解决办法，虽然幼儿开始谁也不肯让步，但最终找到了合理的解决方案。

3.幼儿能够在教师的引导下想到用分组协作的方式提高制作头饰的效率，这里表明大班幼儿能够与同伴尝试设计合作计划、组织分工，并学会用商量、帮助、建议等亲社会策略解决合作中出现的问题。

▶▶ 支持策略

1.材料投放。图书区投放有关合作的阅读材料，例如，绘本《999 个青蛙兄弟大搬家》《小黑鱼》《14 只老鼠挖山药》《月亮的味道》等；表演区投放西瓜服装、蚂蚁头饰等，鼓励幼儿自主阅读和表演，体会合作品德的意义。

2.丰富班级主题环创。设计"合作真快乐"主题墙，鼓励幼儿分享自己日常生活中的合作经历，把自己印象最深的合作小故事画下来，引导幼儿学习处理合作中的冲突和矛盾。

3.教师在一日生活中多为幼儿创设合作的情景，例如，整理图书和活动区域的物品，共同收拾桌子、共同照顾植物等，为幼儿提供充分的合作交往机会。

4. 教育教学中，教师通过运用古诗、儿歌、故事等多种形式引导幼儿感知合作的方法。例如，遇到矛盾时耐心交流解决，当玩具不够玩时懂得谦让、轮流玩，当同伴遇到困难时给予帮助，使用礼貌性的语言"请""谢谢""你好"等，注重幼儿团结友爱方面的教育，并对幼儿团结协作的行为给予积极评价。

5. 建议家长在生活中也可以带着幼儿一起多玩关于协作的游戏，例如，背对背夹球、两人三足、袋鼠跳、一起搭积木等，让孩子在合作中获得快乐和成就感。

（石家庄市直机关第一幼儿园　陈倩）

鳄鱼怕怕牙医怕怕

视频二维码

▶ 案例背景

今天，室内自主游戏，元宝因牙疼玩游戏时兴趣不高，引发小朋友们对看牙医的讨论，吸引了教师的关注。教师了解到班里还有一些小朋友也害怕看牙医，及时发现教育契机。于是，教师利用绘本《鳄鱼怕怕牙医怕怕》参与幼儿的讨论，让幼儿在阅读中习得勇敢的良好品德。

▶ 案例描述

老师加入幼儿的话题讨论，出示绘本。

老师："小鳄鱼也牙疼了，正在去看牙医的路上，我们看看会发生什么事。"

老师："你们认为小鳄鱼为什么不想看见牙医呢？"

元宝："因为牙医要给他拔牙，他怕疼。"

顺顺："因为医生要给他打针。"

茉茉："鳄鱼不认识医生，所以他害怕。"

辰辰："牙医用那种尖尖的东西弄牙齿，可疼了！"

老师："鳄鱼那么害怕，你们猜他还会去看牙医吗？"

阳阳："会，不看牙医他的牙就一直疼。"

桐桐："他会让妈妈陪他一起去。"

老师继续翻页。

老师："小鳄鱼虽然害怕，但他还是走进了牙医诊所。医生看到小鳄鱼后是什么表情呀？医生为什么会这样呢？"

元宝："医生也害怕，他怕鳄鱼咬他！"

老师："你从哪里看出医生害怕的？"

元宝："你看医生都躲到椅子后面去了。"

桐桐："小鳄鱼也害怕，他也躲到树后面了。"

老师继续翻页阅读绘本，并用不同的声音演绎鳄鱼和医生对话。

老师："当小鳄鱼和医生感到害怕的时候，他们是怎么做的？"

辰辰："小鳄鱼和牙医都说'我一定要勇敢'。"

茉茉："他们都忍着，害怕也要坚持。"

老师："你们喜欢故事中的小鳄鱼和牙医吗？"

元宝："喜欢，因为他们不怕疼。"

顺顺："他们勇敢，我也喜欢他们。"

老师："是的，小鳄鱼和牙医都能勇敢地面对自己害怕的事情。那你们有害怕的事情吗？"

顺顺："我害怕打针。"

阳阳："我害怕黑，不敢一个人睡觉。"

桐桐："我不敢玩攀爬梯。"

老师："小朋友会感到害怕是很正常的，每个人害怕的事情都不一样。当你们害怕时，你们会用什么办法让自己变勇敢呢？"

元宝："告诉自己一定要勇敢，像小鳄鱼一样。"

阳阳："可以让别人陪着我。"

顺顺："爸爸告诉我，害怕的时候可以唱歌。"

老师："小朋友说的这些办法我们都可以试一试。那我们怎么把这些办法记下来，让更多的小朋友看到呢？"

幼儿经过讨论表示可以用绘画的方式记录下来，于是大家回到座位开始画画。

▶ **案例分析**

1.因幼儿个体的差异和经验、认知的差异，不同幼儿对勇敢品德内涵的理解是不同的。例如，有的幼儿认为不怕疼就是勇敢，有的幼儿认为能够自己睡觉就是勇敢。同时，幼儿所表现出的勇敢行为水平也是不同的，例如，有的幼儿害怕看牙医，有的幼儿不害怕看牙医。

2.检查牙齿是幼儿在生活中经常遇到的情境，容易引发幼儿的讨论兴趣。幼儿在讨论的过程中能够倾听并回应他人，能在教师引导下结合已有经验进行描述、猜想和推测，勇敢地表达自己的想法。

3.幼儿能体会绘本中鳄鱼和牙医从害怕到不害怕的情绪变化，并且能够表达自己对其勇敢行为的欣赏。

4.教师结合幼儿的生活经验，利用绘本故事，使幼儿更容易理解勇敢品德的含义，学习缓解恐惧心理的方法。通过提问"有什么办法让自己变勇敢"，引导幼儿迁移经验，内化经验，通过提问"怎么把这些办法记下来"，引导幼儿总结经验，外化行为。

▶ **支持策略**

1.多区角材料支持

（1）阅读区投放有关勇敢品德的绘本，如《怪物打雷了！》《胆小鬼威利》《我只想自己玩》等，使幼儿通过绘本阅读习得勇敢品德。

（2）在角色区投放与医院相关的材料，如针管、牙医工具等，使幼儿在角色游戏中缓解对医院或医生的恐惧。

（3）在表演区投放《鳄鱼怕怕牙医怕怕》绘本表演道具，使幼儿在表演过程中实践勇敢品德行为。

2. 丰富班级主题环创

设计"勇敢表达墙"，让幼儿通过图画或照片等形式记录日常生活中的勇敢行为，鼓励幼儿勇敢表达自己的想法，展示自我。

3. 延伸活动支持

开展"我很勇敢"主题活动，通过集体讨论、调查统计、角色游戏、情景表演等形式帮助幼儿勇敢面对害怕的事情，实践缓解恐惧的方法。

4. 发挥家园共育作用

（1）通过线上分享向家长推送有关勇敢品德家庭教育的相关内容，如相关文章或绘本、家教小贴士、亲子小游戏等。

（2）鼓励家长带幼儿多参与社会实践活动，如参观消防站、户外野营等，丰富幼儿生活经验，培养勇敢品德。

（石家庄市直机关第一幼儿园　向华）

微信扫码
● AI 教学助手
● 内容图谱
● 知识图卡
● 保育笔记

林桃奶奶的桃子树

视频二维码

▶ 案例背景

最近，教师在益智区增加了两套新的益智玩具，小朋友们都很感兴趣，与此同时发生了争抢新玩具的现象。教师以此为教育契机，选择了绘本《林桃奶奶的桃子树》与幼儿分享。

▶ 案例描述

教师："林桃奶奶正在摘桃子，小松鼠也想吃，如果你是林桃奶奶，会怎么做呢？"

阳阳："树上有很多桃子，我会给他一个。"

小池："老奶奶会给小松鼠一个，他们是好朋友。"

教师继续翻阅绘本，讲到林桃奶奶把桃子分享给山羊和老虎。

教师："小松鼠、小山羊、大老虎吃到了林桃奶奶分享给他们的桃子，他们的心情是怎样的？他们会对林桃奶奶说什么呢？"

月月："他们都很开心，因为他们都吃到桃子了。"

小宝："他们会说'谢谢'。"

小羽："他们会对林桃奶奶说：'林桃奶奶你真好！'"

教师："如果你是林桃奶奶，听到别人对你说谢谢或夸奖你，你的心情会怎样？"

小羽："我会很开心。"

教师："分享是一件让人开心的事。当别人分享给我们时，我们肯定会很开心。当我们分享给别人时，看到别人高兴我们也能感受到快乐。"

教师继续阅读，讲到小动物都来找林桃奶奶要桃子。

教师："最后，所有的动物都跑来找林桃奶奶要桃子吃，你们猜林桃奶奶会不会给他们呢？"

哲哲："小动物太多了，老奶奶不给了。"

默默："老奶奶会给他们，桃子还有很多呢。"

宸宸："不会给小动物桃子了，你看老奶奶都躲起来了。"

教师："原来林桃奶奶像默默猜测的一样，尽管小动物们很多，但是听到小动物们的请求林桃奶奶还是会把桃子分享给他们，林桃奶奶有一颗善良的心。"

教师："林桃奶奶现在只剩下一个桃子了，小乌龟一家也想吃，林桃奶奶会怎么办呢？"

小雅："不知道，一个桃子不够那么多人吃呀！"

糖糖："老奶奶拿回家自己吃了。"

睿博："你看小乌龟都哭了，老奶奶会给他们吧。"

阳阳："给了小乌龟，老奶奶就没有桃子吃了怎么办？"

小羽："把桃子切成一瓣一瓣的，就像老师给我们分苹果一样。"

随即教师打开绘本画面请幼儿观察。

彤彤："老奶奶把桃子做成蛋糕了。"

小羽："把蛋糕切开大家分着吃。"

教师："即使只剩下了一个桃子，林桃奶奶也会想办法和小乌龟一起分享。林桃奶奶心中一直想着他人，是一个有爱心的老奶奶。"

教师："为什么最后林桃奶奶住的小山坡上会长出那么多桃子树呢？"

宸宸："因为小动物们吃了桃子，拉出来的便便里有桃核，桃核慢慢地长成了桃子树。"

教师："分享是一件美好的事情。也许我们会暂时失去一些东西，但是我们会收获更多的快乐和友谊，就像林桃奶奶虽然失去了桃子，但是最后却收获了小动物们对她的爱。"

教师："老师现在遇到了一个问题，想请小朋友们帮老师想个办法。我们的益智区里有两套新的玩具，小朋友们都想玩，但是两套玩具不够分怎么办呢？"

月月："可以几个人一起玩，像老奶奶分蛋糕一样。"

哲哲："他先玩一会儿，然后我再玩一会儿。"

默默："可以像值日生一样每天换一个人玩。"

教师："这些办法小朋友下次都可以试一试，我们商量好分享着玩，这样每个小朋友就都有机会玩到新玩具了。"

▶ **案例分析**

1. 从此案例中能看出，幼儿已有分享意识且愿意进行分享，但是当遇到特别喜欢的物品或者东西不够分时，分享意愿会减弱。

2. 幼儿能够在教师的引导下根据绘本画面的内容猜测故事情节的发展，通过观察人物的表情和动作体会故事中人物的情绪变化，能够勇于表达自己的想法。

3. 教师利用绘本故事，通过树立林桃奶奶的榜样作用，帮助幼儿了解分享品德的内涵和重要性。

4. 教师结合班级实际问题，引导幼儿迁移经验，让幼儿主动思考解决问题的方法——"一起玩"和"轮流玩"。

▶ **支持策略**

1. 对区角材料随时进行调整，丰富种类，补充数量。和幼儿共同制定分享材料的规则，如"平等分享""共同分享""轮流分享"等，引导幼儿公平有序地分享使用材料，避免争抢。

2. 利用一日生活培养分享意识。例如，进餐环节采取幼儿"自主取餐"形式，引导幼儿考虑后面的同伴，注意自己的取餐量；利用过渡环节，鼓励幼儿在集体面前分享自己知道的故事、诗歌，或者音乐小律动等。

3.开展"分享日"活动。如"玩具分享日""图书分享日""水果分享日"等，幼儿将自己喜欢的玩具、图书、食品等进行展示和分享，使幼儿在活动中体验分享带来的快乐和满足感，增强分享意识。

4.家园合力培养分享品德。引导家长带领幼儿开展"家庭分享日活动"，大家一起分享美食、分享快乐的事情等。帮助幼儿用图文或者符号记录分享日活动的精彩瞬间。

（石家庄市桥西区际华苑幼儿园　牛玉飞）

经典故事

司马光砸缸

视频二维码

▶ **案例背景**

　　幼儿园应注重幼儿良好品德和行为习惯的养成。《司马光砸缸》是我国传统文化中的一篇经典历史人物故事，讲述了七岁的司马光急中生智举起石头砸破水缸，救出小伙伴的故事。通过学习故事，帮助幼儿养成遇事不慌、沉着机智、想办法解决问题的优秀品德。

▶ **案例描述**

　　通过视频动画，师幼互动学习《司马光砸缸》的故事。

　　老师："故事的名字是什么？"

　　纯纯："《司马光砸缸》。"

　　老师："故事里发生了什么事？"

　　团团："有一个小孩掉进水缸里了。"

　　老师："这个孩子掉进水缸后，其他孩子在做什么呢？"

　　月月："他们都跑过来看，很着急。司马光拿一块石头把水缸砸了一个洞。"

　　老师："水缸破洞之后，发生了什么？"

牛牛："水流出来了，把小孩救出来了。"

老师："你们觉得司马光的做法怎么样？"

月月："他很聪明，想到好办法，可以救人。"

老师："如果你看见小伙伴落水了，会怎么做呢？可以和同组小朋友讨论一下。"

3分钟后……

第1组："给他拿一个救生圈。"

第2组："拿一根绳子，让他抓住绳子，小朋友们一起拉。"

第3组："找一个小船或皮艇给他。"

第4组："给他一块木头让他漂起来，再去找大人帮忙。"

老师："哇！小朋友们想到这么多办法，很厉害！你们在帮助别人的同时也要学会保护自己，就像第4组小朋友说的，去找大人帮忙。小朋友们要学习司马光，在今后的生活和游戏中遇到困难，能机智勇敢地想办法解决。"

▶ **案例分析**

1.幼儿以已有经验为基础，理解故事内容、回忆故事情节，能够有条理地说出故事的大致内容和表达对故事的看法。

2.5～6岁幼儿开始有了比较明显的合作意识，幼儿自由结组、自主讨论协商，就"如何救人"这个问题，能够想出多个有效的办法，可见幼儿机智的思维。

3.教师以启发式的提问，引导幼儿理解故事内容，体会机智在生活中的重要性，激发幼儿机智行为，遇到紧急情况不要慌张，静下心来想办法，鼓励幼儿做一个像司马光一样机智勇敢的人。

▶ **支持策略**

1.教师利用区角做好延伸活动，将《司马光砸缸》故事中角色的头饰放在表演区，鼓励幼儿进行故事表演。

2.教师有意识地帮助幼儿培养发散性思维，灵活思考、巧妙解决各种问题。如探索一种玩具的多种玩法，用不同材料制作同一种物品等。

3. 创设班级机智品德主题墙，如我眼中的"机智"、我的机智行为等板块。教师鼓励幼儿以绘画或其他表征形式记录自己对机智的理解。

4. 教师建议父母要做好榜样，遇到事情不慌张，同时多给幼儿提出实际生活中可能碰到的各种问题，如在超市走丢怎么办、陌生人摁门铃等等，先让幼儿说出自己的想法，再帮助幼儿分析最佳处理方式，逐步帮助幼儿掌握一些解决问题的方法。

5. 建议亲子阅读与机智品德相关绘本及故事，如《坏人可以骗》《邋遢熊和六只白鼠》《小兔子走丢了》《班里来了小霸王》《我的幸运一天》等。通过阅读绘本丰富幼儿对外部世界的认知，提升幼儿处理各类问题的能力。

附故事：

司马光砸缸

有一天，司马光和小朋友们在花园里玩。花园里有花、有树还有假山。小朋友们你追我赶，玩起了捉迷藏。一个小朋友用手绢蒙住了眼睛，其他的小朋友们都藏了起来。有的人躲在花丛后，有的人爬上了大树，还有一个小朋友爬到假山上去了。突然，"咕咚"一声，一个小朋友不小心掉进了假山边上的水缸里。水缸里满满的水，小男孩在水里挣扎着大声喊："救命啊！"大家都惊呆了，有个小朋友哭了，还有一个撒腿跑了。司马光没哭也没跑，他赶紧朝水缸跑去，想把水缸推倒。可是水缸太沉了，根本推不动。突然，司马光想到了一个主意，他搬起了一块石头，用力朝水缸砸去。只听"嘭"的一声，水缸破了个大洞，水哗哗地流了出来，小男孩终于得救了。

（石家庄市直机关第一幼儿园　田静）

微信扫码
AI 教学助手
内容图谱
知识图卡
保育笔记

乌鸦反哺

▶ 案例背景

　　室内游戏时，教师看到萱萱非常专注地在串珠子。作品分享时，萱萱说她制作了一个漂亮的项链，是送给妈妈的礼物。教师抓住此教育契机，通过讲述故事《乌鸦反哺》，引导幼儿体会父母的深厚恩情，懂得感恩父母。

▶ 案例描述

　　游戏结束后，小朋友们进行了作品分享活动。

　　老师："萱萱，你为什么要送给妈妈礼物，可以分享你的想法吗？"

　　萱萱："妈妈每天给我做饭，送我上学还要去上班，我觉得妈妈太累了，我很爱我的妈妈，所以我想送给她一个项链。上次我的姥姥过生日，妈妈也送了姥姥一个礼物。"

　　于是，老师分享了一个有关感恩父母的故事——《乌鸦反哺》。

　　故事讲述完，老师引导孩子们展开了讨论。

　　老师："小朋友们，你们觉得乌鸦为什么要照顾它的妈妈呢？"

　　明明："因为乌鸦爱它的妈妈，所以它要照顾妈妈。"

小雨："乌鸦妈妈老了，需要小乌鸦的帮助。"

奇奇："因为乌鸦小的时候不会飞，妈妈照顾它；现在妈妈老了，飞不动了，小乌鸦要给妈妈找吃的。"

老师："因为小乌鸦懂得感恩自己的妈妈，它在学着妈妈照顾自己小时候的样子，来照顾妈妈。那联想到我们的爸爸妈妈，他们为我们做了什么呢？"

诚诚："我的妈妈爸爸每天上班，给我买玩具和好吃的。"

浩浩："妈妈下了班给我洗衣服。"

老师："听到了小朋友的描述，我发现你们都是很幸福的小朋友。爸爸妈妈虽然工作很累，但是把你们照顾得很好，那我们应该做些什么来感谢我们的爸爸妈妈呢？"

萱萱："我们要像小乌鸦一样，等爸爸妈妈老了照顾他们。"

奇奇："妈妈不舒服的时候，我可以给她端一杯水。"

果果："我可以帮妈妈做家务，我会擦桌子和扫地。"

佐佐："我想送给妈妈一幅画。"

佑佑："我在家听话，不让妈妈生气，妈妈就会很开心。"

宸宸："爸爸下班回来我给他拿拖鞋，再捶捶背。"

妙妙："我给妈妈跳个舞。"

……

讨论后，小朋友们将自己准备为爸爸妈妈做的事情用绘画的形式记录下来，并张贴到主题墙上。大家相互分享，越来越多的小朋友加入到了表达孝心、感恩父母的行列当中。

▶ **案例分析**

1.教师在观察中发现了萱萱的创意和孝心，及时抓住教育契机，发挥同伴间的榜样作用，以萱萱的感恩行为为榜样，培养幼儿感恩父母的良好品德。

2.教师借助《乌鸦反哺》的故事，帮助幼儿理解为什么要感恩；引导幼儿讨论分享"爸爸妈妈为自己做了哪些事""我们应该如何感恩爸爸妈妈"这两个问题，帮助幼儿理解父母对自己的帮助是源于爱和关心，并非理所当然，应当对父母表达感谢，主动表现出感恩的行为。

▶ **支持策略**

1.班级可组织"小行动，大爱心"亲子活动，让幼儿有机会为父母做一些力所能及的事情，从而亲身体验到孝敬父母的快乐和满足感。

2.师幼共读"孝敬父母"德育故事：《卧冰求鲤》《黄香温席》

《为亲负米》等，引导幼儿学习并体会故事中所传达的积极心态和美好品德，培育幼儿孝敬父母的情感。

3.建议家长言传身教，在家用各自的方式孝敬自己的长辈，为幼儿树立一个良好的榜样。

附故事：

乌鸦反哺

有一只小乌鸦，它不仅聪明，还很孝顺。在小乌鸦很小的时候，它不会飞，也不会自己找食物，每天都在窝里睡觉。小乌鸦的妈妈每天都要飞出去寻找食物，回来后一口一口喂给它吃。无论刮风下雨都没有间断，小乌鸦特别感谢它的妈妈。

后来，小乌鸦长大了，妈妈教会它飞行和找食物。可是现在妈妈却老了，飞不动了，不能出去找食物了。这时，长大的小乌鸦没有忘记妈妈的哺育之恩，它学着妈妈的样子，天天飞出去给妈妈找吃的。小乌鸦从东飞到西，又从南飞到北，找到了吃的就叼回来，一口一口地喂给妈妈吃。直到妈妈吃饱了，它自己才开始吃。

（石家庄市桥西区际华苑幼儿园　赵聪）

程门立雪

真真是个活泼开朗、有礼貌的小朋友。每天早上来到幼儿园，真真会蹦蹦跳跳地跑进来，大声说"老师好"；午餐时老师推餐车进来，真真会抢着说"谢谢老师"；老师教学活动结束后，真真也会走到老师身边，贴心地说"老师辛苦了"，老师心里感到暖暖的。教师节就要到了，老师想把真真平日中尊敬老师的做法与经典故事《程门立雪》相结合，组织幼儿讨论，培养幼儿尊师重教、文明有礼的品德。

▶ 案例描述

教师为幼儿讲述故事《程门立雪》。

讲述到"恰巧程老师正在睡午觉"时，老师进行提问。

老师："杨时和同学去老师家里请教问题，老师正在睡午觉，他们该怎么办呢？"

苗苗："去别人家要敲门。"

涵涵："老师听见敲门声就醒了。"

老师："那我们看看他们是怎么做的吧。"

老师出示没有下雪时杨时站在程颐门外等候的图片。

老师："哦，他们不想吵醒老师，站在门外等候。"

当讲到"门外的雪，已经积得有一尺多深了"，老师再次提问。

老师："下雪了，天气那么冷，他们怎么办呢？"

小钰："他们可以先回家。"

涵涵："可以敲门。"

老师拿出下雪后杨时站在门外等候的图片，将两张图片放在一起。

老师："请你们仔细看看两张图片有什么区别，能不能猜出他们是怎么做的？从哪里看出来的？"

瑶瑶："他们还一直在外面等。"

真真："他们的脚下都是雪，肩膀上也有雪。"

苗苗："雪把脚都盖住了。"

老师："你们观察得真仔细，看到他们脚下和身上有厚厚的雪，说明雪下了很长时间，他们也站了很长时间。杨时虚心好学，是一位非常尊重老师的人，下雪了他宁愿坚持在门外等候，忍受寒冷，也不愿意打扰老师休息。"

老师继续讲述故事，讲完后进行提问。

老师："杨时为什么尊重老师？后来他成了什么样的人？"

小钰："因为老师教他知识。"

明明："他后来成了很有学问的人。"

老师："杨时去找老师请教问题，不打扰老师午睡，坚持在门外等候，这都是尊重老师的表现。即便下那么大的雪，也不放弃请教问题。正是因为这样，他后来成了一位非常有名的学者。有的小朋友早上来幼儿园主动向老师问好，有的小朋友在老师推回餐车时说'谢谢老师'，还有的上完课对老师说'老师辛苦了'，老师心里暖暖的。"

最后，老师提问："生活中，我们除了尊重老师，也要尊重爸爸妈妈，爷爷奶奶，外公外婆，也要尊重各行各业的人们。谁能说一说我们应该怎么做呢？"

磊磊："我不吵爷爷奶奶睡觉。"

真真："说话要有礼貌。"

老师："你们说得都很好，看见人要打招呼，说话时眼睛看着别人，别人做事情不打扰，别人帮忙了要说'谢谢'，有问题虚心请教，这些都是尊重别人的表现。"

▶ **案例分析**

1. 尊师重教是中华民族的传统美德，《程门立雪》是中国历史上一个著名的典故，强调了尊师重道、文明有礼的重要性，同时体现了对学问的执着和坚定的信念。故事以小见大、寓意深刻、简短易懂，适宜作为幼儿品德教育的素材。

2. 教师在组织幼儿讨论时，运用观察、比较、猜测、验证等方法，让幼儿体会当时的情景，用他们易于理解的方式感受主人公的行为与尊师重教的关系。

3. 幼儿能够将日常生活中的"尊重"与"行为"进行对应，拓展对"尊重他人"品德内涵的认知，并落实在生活和学习中。

▶ **支持策略**

1. 在幼儿来园、离园、三餐、游戏等环节中，教师要带头做到文明有礼，积极回应小朋友的问好或交流，对于性格腼腆或是没有主动问好的小朋友，可以微笑示意，或轻声提示，或主动交流。对于一直不愿意开口的小朋友，也要允许其有适应的过程，不必勉强。

2. 教师可以引导幼儿用自己的方式向老师表达情感，如为老师画像、做手工送给老师、自己做力所能及的事情等。

3. 在幼儿游戏、学习生活中，教师可以运用"争当小老师"的方式，让幼儿亲身体会，感同身受。每个小朋友都可以在叠衣服、学歌曲、折纸等事情中当小老师，自觉使用"请""谢谢""不客气"

等用语。

4.在班级环境中，设置图文并茂的提示牌，提醒幼儿时时注重文明行为、礼貌语言。

5.做好家园共育，在家庭中幼儿也要做到尊重长辈，在外也能用有礼貌的方式对待他人。

附故事：

程门立雪

我国北宋时有个著名的学者名叫杨时，他年轻时非常好学，经常访师拜友，向别人请教问题。

寒冬的一天，杨时和同学游酢一起去向当时著名的理学家程颐求教问题。当他们来到程家时，恰巧程老师正在睡午觉。于是两人静立门口，等老师醒来。

一会儿，天上下起了大雪，雪花落在他们的头上、身上。雪越下越大，门外的雪已经积得有一尺多深了，他们的手脚都冻麻了。杨时和游酢却还立在雪中不肯进屋。

就这样，他们不知在雪地里站了多长时间，程颐终于醒了。他打开门看见两位学生正恭恭敬敬地站在门外，都要成雪人了。程颐大吃一惊，问道："你们为什么不进屋呢？"杨时连忙上前施礼，对程颐说明来意。程颐听了大受感动，连忙请二人进屋。

从此，程颐更加尽心尽力教杨时，杨时也不负众望，终于学到了老师的全部学问。之后，杨时回到南方传播程氏理学，且形成独家学派，世称"龟山先生"。

后人便用"程门立雪"这个典故，来赞扬那些求学师门、诚心专志、尊师重道的学子。

（石家庄市桥西区第三幼儿园　王琳）

第二节　动之以情——以亲身体验为融合点

室内活动

一起游戏吧

视频二维码

▶ 案例背景

　　室内游戏活动中，幼儿有的在搭建动物房屋，有的在给场馆布置草地和树木……小锦和月月正在搭建动物房屋，他们尝试着把纸盒裁剪拼成的屋顶固定到吸管上。赫赫走过去说："我也要玩。"然后把一个兔子模型放到屋顶上，屋顶被压歪了。赫赫愣了一下看着小锦。小锦说："这只兔子会把我们的房屋压坏。"月月说："我们不要和你一起玩。"赫赫默默地站在一旁，不知道如何加入游戏。

▶ 案例描述

　　老师观察到这边的情况，走到赫赫身边。

　　老师："你也想跟他们一起搭建房屋吗？"

　　赫赫："我很想玩，他们不跟我玩。"

　　老师："他们为什么不愿意跟你玩呢？"

　　赫赫："我不知道。"

小锦："他拿来的兔子把我们的房屋压歪了。"

赫赫："我想带兔子和你们一起玩。"

老师："原来你是想拿兔子加入游戏。可是，你没有和他们商量，直接把兔子放房顶上，压歪了房顶，所以他们不和你玩。那该怎么办？"

赫赫："我不知道怎么做。"

老师："没关系，请其他小朋友来帮帮你好吗？"

赫赫点点头。

老师对其他小朋友说："赫赫想加入别人的游戏，可是他被拒绝了，我们一起来帮帮他吧！"

小兰："你可以跟他们说，我想跟你们玩。"

赫赫："我说过了。"

老师："我们怎么礼貌地提出请求呢？"

小兰："你可以说，我可以跟你们玩吗？"

老师："如果你想加入游戏除了有礼貌地提出请求，还有其他方法吗？"

赫赫："他们制作的房顶被我的兔子压歪了，我可以去给他们修好。"

老师："这是个好主意，你可以礼貌地提出请求，然后想办法给他们修房顶。"

赫赫点点头，去材料区取来四个一样长的纸巾卷筒，走到搭建区。

赫赫："对不起，房顶被我的兔子压歪了，我有好办法把它修好，可以让我试试吗？"

小锦："你真能修好吗？那你试试吧！"

赫赫换上了四个一样长的卷筒替代了吸管，把房顶修稳固了。

小锦："你真厉害呀！"

就这样赫赫成功地加入游戏，三位小朋友一起合作，搭建完成了动物的房屋。

▶ **案例分析**

1. 赫赫表现出对加入游戏的强烈渴望，他没有和同伴协商好，就直接把兔子放到房顶上，导致房顶被压歪。他被拒绝后，在教师和其他幼儿帮助下，掌握礼貌地提出请求和解决问题的方法，成功加入游戏。

2. 教师通过观察和介入，了解幼儿的行为和需求；教师通过倾听和提问的方式，帮助赫赫理解其他幼儿不跟他玩的原因，并引导他思考解决问题的方法。如礼貌地提出请求和修复房顶；教师组织其他幼儿一起帮助赫赫，并鼓励他去尝试加入游戏。

3.通过加入同伴游戏，赫赫一方面认识到加入同伴的游戏需要审时度势，礼貌提出请求，否则容易被拒绝；另一方面认识到加入同伴游戏时"耐心""礼貌""想办法"的重要性。

4.搭建过程中，幼儿能够尊重他人意见，学会倾听和接受他人的建议。通过与他人协作、沟通和共同努力完成任务。

▶ 支持策略

1.生活渗透

加入同伴游戏的技能包括：耐心等待适当时机、礼貌提出请求、接受拒绝等。教师要有意识地关注幼儿游戏时对加入技能的运用。为了培养这些技能，教师可以采取一些具体的措施。例如，在游戏开始前，教师可以与幼儿一起讨论游戏规则和加入游戏的方式，强调耐心等待和礼貌表达的重要性。在游戏过程中，教师可以观察幼儿的表现，及时给予指导和反馈，帮助他们逐步掌握这些技能。此外，教师还可以组织一些小组活动或角色扮演游戏，让幼儿在实际情境中练习和运用这些技能。

2.环境渗透

教师可将加入游戏的方法编成口诀："别人玩时耐心看，礼貌提出好办法，再求加入也不晚。"并用图文并茂的方式展示口诀，帮助幼儿理解如何加入；同时可以呈现幼儿主动加入的情境，加深幼儿对技能的理解。

3. 家园共育

教师在班级群中分享加入口诀。了解该口诀的基本内涵：一方面便于指导和观察幼儿的行为，形成家园合力；另一方面可以从自身做起，与幼儿共同成长。家长引导幼儿知道，这个技能口诀可以运用在哪些情景中。例如，当看到很多小朋友一起玩有趣的游戏，自己也非常想要参与其中时，就可以用到这个加入口诀。

（石家庄市直机关第一幼儿园　徐翠娟）

谢谢你　不客气

视频二维码

▶ **案例背景**

　　礼貌用语贯穿在幼儿园一日生活中，恰当的用语可以提高幼儿社会交往能力。在室内游戏中，安安和典典选择了绘画，安安缺少蓝色水彩笔，典典借给了她，安安却没有及时说谢谢。教师借此教育契机，引导幼儿得到他人帮助时能够礼貌地说"谢谢"。

▶ **案例描述**

　　安安给鳄鱼涂完绿色后，当她要给水池涂颜色时，发现没有蓝色水彩笔。安安举手说："老师，我这没有蓝色水彩笔。"老师问："哪位小朋友有蓝色水彩笔可以借安安用一下？"典典说："我有。"典典拿着水彩笔跑到安安身边说："给你。"安安拿过水彩笔涂起了颜色。典典说："你还没跟我说谢谢呢！"安安小声地说了一声："我只是忘记了。"说完，安安又继续涂起了颜色。

　　安安涂完颜色后，老师对安安说："请你帮老师把这本书放到桌子上，谢谢你。"安安说："不客气！"老师问安安："你帮助了老师，老师对你说了谢谢，你是什么样的感觉？"安安说："我很高兴。"老师又问："刚才典典借给你水彩笔，你是不是忘记说谢谢了？"安安点点头，老师又说："你去还笔的时候也对典典说声谢谢好吗？"安安点点头。

最后，安安笑着向典典说了谢谢，典典微笑着说了声："不客气。"两位小朋友拉起了小手。

▶ 案例分析

1.小班幼儿能注意到别人的情绪，能够共情同伴的情感，并会关注他人的表现。当安安寻求帮助时，典典马上就把自己的水彩笔借给了安安，缓解了安安焦虑不安的心情。

2.安安之所以没有第一时间表达谢意，说明礼貌用语在部分幼儿日常交流中还没有形成习惯，需要在成人或同伴的提醒下才会说出来。

3.教师发现问题后，并没有第一时间以说教的方式去解决，而是通过角色转换的方式，让安安体会到被他人表达谢意后的愉悦感受，这样的做法维护了安安的自尊心。

4.幼儿生活中会经常得到别人的帮助，培养幼儿说"谢谢"的好习惯，是帮助幼儿掌握必要的交往礼节、养成良好行为习惯的重要内容。

▶▶ 支持策略

1.推荐绘本《有礼貌的小熊熊》，故事里小熊熊总是调皮捣蛋，一只有礼貌的小老鼠让熊熊发生了改变。良好的行为习惯和交往礼节都是需要慢慢学习的，幼儿在故事中感知礼貌用语的重要性，培养幼儿文明礼貌行为。

2.在角色区开展"礼貌蛋糕房"的游戏，教师投放服装道具和操作材料，幼儿自主选择扮演面点师、收银员、服务员、客人，在游戏中进行礼貌交往。

3.在日常生活中，师师、师幼之间的对话要使用礼貌用语，例如，早上见面打招呼说"早上好"，离园时主动说"再见"，请求帮助说"请您"等。

4.教师通过线上、线下交流的方式，向家长宣传家庭教育中家长以身作则的重要性，在日常生活中为幼儿树立榜样，例如，尊敬长辈，乘车时主动为老人让座；看到别人有困难给予帮助等。

5.建议家长与幼儿一同制定家庭任务，其间家长可向幼儿礼貌表达需求或意愿，例如，"宝贝，请你帮妈妈拿东西好吗？谢谢你"，"宝贝，请你帮奶奶捶捶背吧，谢谢你"。

6.教师向家长提供科学的幼儿品德培养方法，例如，当幼儿忘记说谢谢时，家长及时提醒，但是千万不要因为孩子忘记说谢谢而批评说教，让其自尊心受挫，反而适得其反。

（石家庄市直机关第一幼儿园　王丹）

小值日生空岗

▶ **案例背景**

　　中一班小朋友们吃完早餐后，值日生们开始打扫整理班级卫生，有的整理餐具、有的擦桌子、有的摆杯子……值日生们正在忙碌地工作着。细心的鹏鹏注意到值日生工作区还剩下两个值日生工作牌，原来有两个小值日生今天没有来园，这让剩下的值日生们有些手忙脚乱。鹏鹏立刻主动走到值日生的队伍中，拿起扫帚开始打扫地面。教师看到这个情况后及时发现教育契机和大家集体讨论鹏鹏的做法。

▶ **案例描述**

　　值日结束后，值日生乐乐说："鹏鹏，谢谢你。"其他值日生也纷纷跑来表示感谢。老师看到这一幕，感到非常欣慰。

　　随后，老师组织所有小朋友围坐在一起，问鹏鹏："你是怎么发现有值日生没有来园的呢？"鹏鹏说："我看到还剩下两个值日生工作牌没人戴，然后数了数应该是六个小朋友做值日，可是今天只有四个。"老师继续问鹏鹏："发现有值日生空岗了，你是怎么做的？"鹏鹏说："我就去帮助他们打扫地面做值日了。"

老师又接着问值日生乐乐："鹏鹏帮助你们做值日，你有什么感受？"乐乐说："我们都觉得轻松多了，而且很快就完成了值日，谢谢鹏鹏！"老师说："鹏鹏发现值日生空岗时他及时主动地参与到值日工作中去，他是一个有责任感、乐于助人的小朋友。"佳佳说："以后我也要帮值日生做值日。"研研说："小朋友之间要互相帮助。"老师说："那我们在什么时候可以帮助别人呢？"有的说："小朋友生病的时候，要关心他。"有的说："小朋友摔倒的时候可以扶他起来。"有的说："我可以把水彩笔分享给没有带的小朋友……"

老师说："乐于助人是一种美德，我们应该学会在生活中主动关注他人的需求，并尽自己所能去帮助他们。"

▶ **案例分析**

1.幼儿能够在生活中关注到他人的需求和他人的困难，锻炼幼儿识别他人需求的能力。这也是发展幼儿社会情感及建立责任感的基础。

2.中班幼儿随着社会交往能力的不断提升，在生活中利他行为不断增多，对主动帮助他人的幼儿，教师及时给予肯定、奖励，使幼儿知道帮助他人是一件值得骄傲的事情。引导幼儿知道帮助他人是向他人表达关心的重要方法。

3.教师扮演了观察者、引导者和讨论者的角色。

▶ **支持策略**

1.教师可以组织角色扮演活动，让孩子们模拟在不同情境下如何帮助他人，比如模拟小朋友摔倒时如何提供帮助，小朋友生病了需要提供哪些帮助等。

2.通过阅读关于乐于助人的绘本故事，例如《乐于助人的兔子》《城市里最漂亮的巨人》《彩虹色的花》等，让幼儿讨论故事中的角色是如何帮助他人的。

3.班级环创设立"乐于助人之星"板块，通过榜样示范、共情，以及生活中的表扬和奖励等方式，引导幼儿能够了解帮助他人的意义。

4.生活中，家长可以为幼儿创设多种能够帮助他人的机会，可以让幼儿动手做一些力所能及的事情，家长不用过分包办代替。

（石家庄市第三幼儿园 贾君霞）

我不开心

视频二维码

▶ **案例背景**

为了选出幼儿园每周一升旗仪式上的小指挥，班里会提前通过个人展示的形式进行竞选。彭彭之前经过了几次竞选，都没有如愿当上小指挥。

▶ **案例描述**

今天，在班里又进行了"最佳小指挥"的投票，彭彭因为得票数低，又一次落选而变得沮丧。旁边的小朋友过来安慰彭彭，但彭彭依旧闷闷不乐，也不想参加班里其他的活动。

这时老师走到彭彭面前，轻轻问道："彭彭，发生了什么事？你能和老师说说吗？"

彭彭说："我又没当上小指挥，不开心。"说完，彭彭哭了起来。

老师给彭彭擦干眼泪，说："哦，你是因为没选上小指挥不开心，那我们去问问小朋友们有什么好办法，好吗？"彭彭点点头。老师拉着彭彭来到小朋友中间，说："当我们不开心时，你们有没有好办法能让自己开心起来？"

"可以看看书。""可以唱歌。""可以自己安静一下。""可以跟好朋友说一说。"……小朋友们你一言我一语，想出了很多好办法。

"原来让自己开心起来，有这么多办法呀！彭彭，你可以试一试哦。"老师笑着说道。

彭彭点了点头，平静了很多。

老师继续组织小朋友们讨论，问道："小朋友们选择小指挥的标准是什么呢？"

"站姿要端正。""拍子要准确有力量。""要注意微笑。"……小朋友们总结了很多。

老师又问了几名已经被选上小指挥的小朋友："你们平时是怎么练习，才被选上小指挥的呢？"

几名小朋友也进行了经验分享："我会对着镜子练习。""我每天放学回家后、睡觉前都会练习。""我练习时会让爸爸妈妈当观众。""多听歌曲才能找准节奏。"……

"哦，原来是这样。"老师说，"那有可能每天坚持练习也不会被选上，怎么办呢？"

"不能灰心，继续练习。""要找到自己指挥时存在的问题。""要向选上的小朋友学习。"……小朋友们纷纷说道。

"大家说得很对，这次没有被选上小指挥不要灰心，我们应该继续努力，多多练习。"老师笑着对彭彭说。

"老师，我知道了，我一定好好练习。"彭彭终于露出了一丝笑容。

▶ **案例分析**

1.案例中幼儿能够正确认识并清晰表达自己的情绪,同时能够认识到引起情绪的原因。由于受到心理发展和生活经验的限制,部分大班幼儿在情绪调节方面还需要教师的引导。

2.在幼儿出现不良情绪后,教师通过集体讨论、个人经验分享的方式,引导幼儿进行情绪表达,鼓励幼儿用积极的心态迎接挑战。

3.幼儿遇到不高兴的事情时,能在教师的引导下,通过放松、表达等方法使自己恢复平静,心情由坏转好,从而培养幼儿情绪自我调节能力,学会用积极乐观的心态处理与他人、环境的关系。

▶ **支持策略**

1.当幼儿出现消极情绪时，教师要给予幼儿尊重与理解，帮助幼儿找到缓解情绪的方法，如深呼吸、做点事情等。幼儿情绪平复后，引导幼儿学会用积极的心态面对困难。

2.教师利用户外时间组织幼儿进行竞赛类活动，激发幼儿积极参加集体活动的意愿和勇于拼搏的精神，引导幼儿遇到困难时积极想办法，正确看待输赢。

3.教师要注意选拔方式的合理性、公平性，利用多种方式进行选拔，如投票、抽签、轮流等，保证每个幼儿都有平等公正的竞选机会。

4.教师建议家长以身作则，在生活中保持乐观的生活态度，当烦躁不开心时，可以将自己的心情和幼儿分享，引导幼儿正确处理情绪，多用积极的态度看待事情，潜移默化中培养幼儿积极乐观的心态。

5.教师鼓励家长带孩子做一些有挑战性的运动，如爬山、跑步等，让幼儿懂得过程不一定是一帆风顺的，但是坚持就是胜利。

（石家庄市直机关第一幼儿园　王巧真）

我不想

▶ **案例背景**

　　在室内游戏时，依依在图书区认真地看书，果果走过去，对依依说："玩积木去吧！"依依没有回应果果，继续低着头看书。果果走开了，不一会儿她又走过去，说："依依，看我的画。"依依这次扭着头还是没说话，果果把自己的画放到依依面前，说："我画了苹果，这是小草，你看……"果果不断打扰依依看书，依依皱着眉头，抬头看向老师，手里的书来回翻着，她也不知道要干什么了。

▶ **案例描述**

　　游戏结束后，老师拿出准备好的小猪和小狐狸两个手偶，说："小猪遇到了一只小狐狸，会发生什么事情呢？"老师开始表演：小猪在认真看书，小狐狸来找小猪玩了。小狐狸一会儿让小猪给它拿牛奶，一会儿又去拿吸管，拿好吸管又去拿纸巾。这时，小猪很不愿意做小狐狸让它干的这些事情，微笑着对小狐狸说："我不愿意做这些事情，我现在只想看书。"

老师表演完，对小朋友们说："你们觉得小狐狸的做法合适吗？"沐沐站起来大声说："小狐狸的做法不对。"老师继续问："哪里不对了？其他小朋友也一起想一想。"沐沐说："小狐狸总是来烦小猪。"嘟嘟说："小狐狸一直让小猪拿东西。"老师接着问："小猪是怎么做的呢？"这时果果举手说："小猪告诉它，'不愿意'。"老师说："当自己遇到不愿意做的事情时，可以像小猪一样礼貌地拒绝，告诉对方自己的真实想法。"老师看到依依点了点头。

老师对全班小朋友说："老师把小猪拒绝小狐狸的故事编成了一个口诀，我们一起来学一学吧。"

朋友来请你，

你要不愿意，

友好拒绝没关系。

小朋友们很认真地跟着老师一句一句地说起来。

▶ **案例分析**

1.对于部分小班幼儿，当别人提出请求自己不愿意时，不会用适当的方式拒绝别人，对自我需求模糊。

2.教师在游戏活动中，发现了幼儿不会拒绝的现象后，巧妙运用手偶表演，情境还原，让幼儿更加直观地学会了拒绝别人的方法。

3.教师通过"拒绝"口诀帮助幼儿理解，当自己不愿意的时候可以果断拒绝，没有关系。

4.学会拒绝他人是幼儿独立品德的表现之一。在交往过程中，幼儿掌握拒绝他人的正确方式，对自我需求更加清晰，进而培养幼儿的独立性。

▶ **支持策略**

1.创设生活化的故事情境，例如，安安和糖糖正在一起玩球，安安用力踢球，每次都把球踢到草丛里却让糖糖去捡球，糖糖不愿意……类似的情境能够唤起幼儿的已有经验，产生情感共鸣。教师引导幼儿在游戏情境中知道拒绝的时机，学会礼貌拒绝的方法。

2.通过绘本游戏《老狼老狼你是谁》，让幼儿懂得拒绝，尤其是懂得拒绝陌生人给的东西。

3.教师在班级群中分享当天幼儿学习到的"拒绝"口诀，鼓励幼儿在家和爸爸妈妈说一说学习到的新本领；指导家长了解学会拒绝是独立品德的一种体现，幼儿有拒绝他人的权利。

（石家庄市直机关第一幼儿园　周璇）

勇敢说出来

视频二维码

▶ 案例背景

"娃娃家"游戏中，美美笑着把小宝宝抱在怀里。她还没有反应过来，甜甜已经从她的手中把小宝宝抢了过去。两名幼儿都想照顾小宝宝，由此产生了分歧。美美不说话，抹着眼泪哭着。

▶ 案例描述

老师看到后，走过来抱抱美美，帮她擦掉眼泪。

老师说："我可以当小宝宝的奶奶吗？"

甜甜向老师点了点头说："你看，我给他喂饭呢！"

老师接着说："小宝宝太可爱了，我能抱抱他吗？"

甜甜赶忙说："宝宝会哭的！"她转向一旁。

老师说："我能帮忙一起照顾小宝宝吗？"

甜甜说："你可以看着我照顾他。"这时，美美站在一旁低着头看着。

老师又说："我们都很喜欢小宝宝，我会很小心地照顾他，不会让他哭的！"甜甜笑了笑。

老师拉着美美说："姐姐回来了，姐姐也很喜欢照顾宝宝！我和姐姐一起照顾他，好吗？"

甜甜看了看我俩，笑笑说："我去做饭了，你们照顾他吧！"

美美接过小宝宝，笑着把他抱在了怀里，说："我喜欢照顾小宝宝！"

老师说："你勇敢地说出了自己的小心愿，真棒！"

老师大声说："姐姐也能把小宝宝照顾得很好！"美美笑着，点了点头。

老师说："我要去买菜了，你们两个一起照顾小宝宝吧！再见！"

美美和甜甜在游戏中一起轮流照顾着小宝宝。

游戏结束后，老师跟大家一起分享、讨论了这件事情。小朋友们都说，遇到困难时不要哭，如果有自己的小心愿要勇敢地说出来，让别人知道了才能实现！

最后，小朋友们一起拍着手，学说"勇敢说出来"的口诀：

害怕时，不要慌，

不哭不闹心放松，

大胆说出小心愿。

▶ **案例分析**

1. 幼儿年龄越小，害怕的事情就越多。小班幼儿刚入园不敢交际，害怕释放和展现自己，主要是因为他们的生活经验不足，所以部分小班幼儿需要在成人的帮助下才能大胆说出自己的心愿。

2. "娃娃家"是小班幼儿非常喜爱的角色扮演游戏区。当两名幼儿都想照顾小宝宝，出现争抢时，教师以游戏角色的身份参与进来，能够有效拉近师生的距离。同时在游戏中教师延迟干预，既满足了幼儿受保护的需要，又尊重了他们不断增长的独立需求。

3. 教师及时与幼儿分享游戏中的场景并结合浅显易懂的"勇敢说出来"口诀，帮助幼儿克服害怕情绪，鼓励幼儿勇敢地去表达，这是勇敢品德的一种表现。

▶ **支持策略**

1. 创设环境引导幼儿进行勇敢表达。例如，晨间小播报、讲绘本故事、讲解主题墙、讲解手工作品、讲解游戏故事、国旗下讲话等等。

2.幼儿在合作游戏中与同伴发生矛盾和冲突时，教师要引导幼儿尝试用协商、交换、轮流玩、合作等方式解决冲突。

3.在幼儿园生活中投放勇敢游戏箱材料，玩"摸摸箱子里边是什么"的游戏，培养小班幼儿面对未知的事物时，能够勇敢地尝试。

4.向家长推荐亲子共读绘本《直言不讳》《怪物打雷了》《鳄鱼怕怕牙医怕怕》《勇敢做自己》等故事。

5.建议家长在家庭生活中避免包办代替，鼓励幼儿学会大胆做事、大胆表达、大胆地维护自己的权益；尊重孩子勇敢说"不"的权利；鼓励孩子勇敢表达自己内心真正的想法。

（石家庄市直机关第一幼儿园 董丽卿）

穿裤子

▶▶ **案例背景**

对于新入园的小班幼儿而言，独立吃饭、穿衣、盥洗是一件件了不起的大事。在室内自主游戏时，柔柔和团团都选择了角色区"娃娃家"，那是小班幼儿非常喜欢的角色游戏之一。今天，他们两个人在游戏时因为帮娃娃穿裤子的问题发生了争执。

▶▶ **案例描述**

早上自主游戏活动一开始，柔柔直接走进了角色区"娃娃家"，她一边开心地为娃娃穿衣服，一边和旁边的小朋友团团说："我是妈妈，来给娃娃穿衣服！"这时，团团也拿起来了一条裤子，说："我是爸爸，来给娃娃穿裤子吧！"可是，当团团拿到一条深蓝色的裤子时，打开两条裤腿（前后反着）就直接穿了进去。这时，柔柔赶忙指着裤子说："不是这样的，你给娃娃穿错了。"听了柔柔的话，团团更加疑惑地说："没有穿错，就是这样的。"

两人争论的声音把老师吸引了过来，团团见到老师来了，赶忙说："老师你看，就是这样给娃娃穿裤子吧！"老师见状就顺手拿起了一条裤子，说："来，我们一起来给娃娃穿裤子吧！就像火车钻山洞！"两位小朋友一脸疑惑地看着老师说："怎么钻山洞呀？"老师说："你们想想娃娃的腿是什么样子的？火车又是什么样子的？"话音刚落，团团挠着头说："我知道！娃娃的腿是细细长长的，火车是一节一节的，我妈妈带我坐过火车。"柔柔说："对！火车可长呢！"老师说："火车钻山洞就像我们给娃娃穿裤子一样，娃娃长长的腿是火车长长的车厢，穿过裤腿就像钻过山洞。"团团说："那我们先把裤腿铺好！"老师接着说："那火车出发时会发出什么样的声音呢？"两人异口同声地说："呜呜呜……"老师说："我们一起来开火车，钻山洞吧！准备好就开始啦！"

穿裤子，分前后，

撑开裤腰钻山洞，

右脚钻进右山洞，

左脚钻进左山洞，

呜呜呜，呜呜呜，

两列火车出山洞。

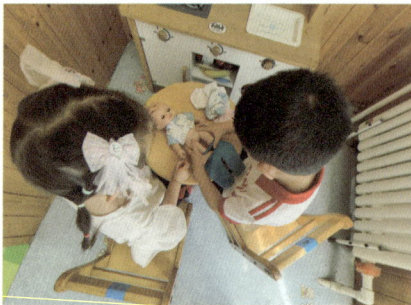

▶ **案例分析**

1.幼儿之所以出现"穿不上裤子"的问题，这与幼儿的生活自理能力以及手部动作的灵活性和协调性有着密切联系，部分小班幼儿需要在成人的帮助下才能完成穿脱衣服。

2.娃娃家是幼儿非常喜爱的角色扮演游戏之一，两人在扮演不同的家庭成员时因怎么帮助娃娃穿裤子发生争执。教师运用开火车的游戏方式形象地解决了穿裤子的问题，幼儿在角色扮演中体验自我服务的乐趣，这符合小班幼儿的年龄特点。

3.现实生活中，有一些成人会因幼儿穿脱衣服慢或不会穿脱而出现包办代替的行为，无形中减少了幼儿主动穿脱衣服的练习机会，影响幼儿从原有水平向更高水平的发展。

4.幼儿在给娃娃穿裤子的过程中体验自己独立完成一件事的快乐，萌发愿意自己独立做事的情感。

▶ **支持策略**

1.在角色区"娃娃家"投放实物小衣服，幼儿可以在游戏中巩固穿脱衣服的方法，知道自己很能干，会做很多事情，增强幼儿独立性。

2.教师结合朗朗上口的儿歌形式以角色扮演的方式参与游戏之中，根据儿歌内容尝试帮助幼儿回忆简单的穿衣服动作，运用实际操作的方式习得穿衣服的经验。

3.在生活环境中创设穿脱衣服步骤图，以简洁易懂的图画帮助幼儿掌握穿脱衣服的步骤和方法。

4.建议家长在家庭中要鼓励幼儿自己穿脱衣服，可进行每日穿脱衣服打卡活动，从方便穿脱的上衣、裤子开始，再到套头衫、拉拉链及扣扣子等，由易到难，循序渐进。

5.推荐亲子共读绘本《阿立会穿裤子了》，幼儿可以在明快稚气的画面风格中找到共鸣和乐趣，体会阿立学会自己穿裤子后的自豪感，萌发自己独立做事的情感。

（石家庄市直机关第一幼儿园　刘璐）

越挫越勇的小棋手

▶ **案例背景**

　　室内自主游戏中，蓉蓉选择了难度较大的五子棋，她和汎汎一组，汎汎是下棋小高手，蓉蓉只是普通级选手，胜负似乎已成定局。可是，在蓉蓉连续输棋后，意想不到的事情发生了。

▶ **案例描述**

　　第一天，蓉蓉和汎汎在互相行礼后开始下棋，游戏快结束时，老师听到摔东西的声音，赶忙跑来，看到椅子被推倒，蓉蓉蹲在一边抹眼泪。老师蹲下身轻声地问："蓉蓉，你怎么啦？"蓉蓉啜泣着说："我输棋了。"老师说："因为输了棋，所以你很生气。输棋不高兴，老师理解，可是不能破坏班级物品，对吗？"蓉蓉将椅子扶了起来，但还是一脸的不高兴。

　　游戏后老师引导全班进行讨论："你输过棋吗？如果输了棋你会怎么做？"娜娜说："输了没关系，下次还有机会赢。"鹏鹏说："输了是因为我不如他，但我在别的方面比他强。"萱萱说："我和涵涵下了7局飞行棋，一局都没赢，因为飞行棋是涵涵教我的，明天我还要和涵涵一起玩。"博博说："我跟海宇连续下了一周斗兽棋都输了，我每天晚上回家都和爸爸下几局，昨天终于赢了！"听到小朋友的发言，从表情看，蓉蓉不再生气了。

第二天，蓉蓉又去找汕汕下棋，蓉蓉输了，但与昨天不同的是，这一次蓉蓉没有哭，也没有摔椅子，只是表情沮丧地低声说："哼，再也不玩了。"然后离开了棋桌。老师摸摸蓉蓉的小脑袋说道："昨天下了3分钟，他就赢了，今天下了5分钟，看来他想赢你已经不那么容易了，继续加油！"

游戏后，老师请连赢两天的五子棋"高手"汕汕做了经验分享，汕汕说："下五子棋，要同时看自己和对手的棋，不能只想着自己怎么走，还要阻止对手形成活三。"汕汕边说边在棋盘上演示，最后总结说："我也是输了很多次才学会的。"老师关注到，汕汕分享的全过程中蓉蓉一直在听。

几天后，蓉蓉来到棋桌前，老师也悄悄地坐在蓉蓉身后，观察着整盘棋的动向。前十个回合，二人十分焦灼，在后几个回合时，蓉蓉逐渐败下阵来，这一局汕汕又赢了。老师轻声地说："蓉蓉，刚才那局老师看得很清楚，汕汕形成第一个活三时，你及时堵住了他的棋，而且让你的棋子形成活三，在汕汕将要形成双活三的时候，你用你的棋子放在了他想要下的那一步，这表明你在和汕汕的下棋过程中棋技已经有所增长了，要不要再试一局？"蓉蓉的表情将信将疑，但还是把已经抬起的腿放下，点了点头，准备下一局游戏。这一局游戏，蓉蓉每下一步，都认真观察着全盘游戏，在十五个回合后，沏沏出现了一个小失误，蓉蓉借此机会将自己的棋形成了双活三，蓉蓉赢了！她开心地跳来跳去，紧紧地抱住了沏沏，又冲过来抱住老师，将自己获胜的消息分享给好朋友。这局游戏，老师录下了全过程，在全班进行了分享，并向全班小朋友说明了蓉蓉遇到困难不放弃、积极乐观的态度，引导小朋友们学习蓉蓉的抗挫品德。

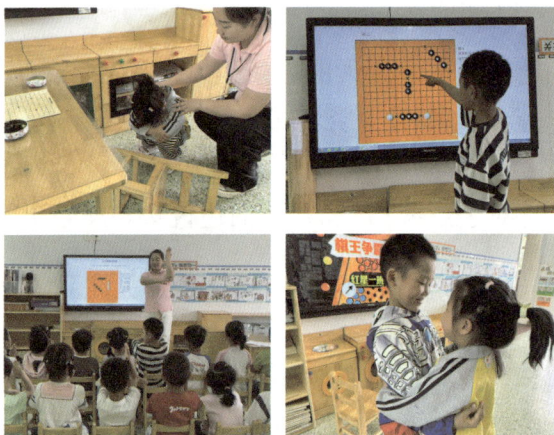

▶ **案例分析**

1.蓉蓉第一次输棋的时候，就将椅子推倒，可是在一次又一次的失败中，蓉蓉的态度逐渐缓和，从低声呢喃，到最后输了棋还要再下一局，这个过程中蓉蓉的抗挫品德有了显著提升。

2.教师接纳幼儿的情绪，并予以疏导。在第一天蓉蓉因输棋发脾气时，教师没有去训斥幼儿，而是蹲下身子，轻声询问其中的原因，然后巧用游戏后的时间，请全班小朋友共同讨论"输了棋应该怎么做"，教会蓉蓉如何乐观地接受失败。教师每次游戏后组织的讨论和分享活动，切入点准确，方法适宜，有力地助推幼儿的发展。第一次的讨论是正确认识输赢。第二次是赢者分享经验，学习技巧，坚定信心。第三次的视频引导全部幼儿养成遇到困难不放弃的好品质。使幼儿懂得：想要赢棋，需要动脑筋，坚持练习，保持耐心和毅力，才能获得最终胜利。

3. 当蓉蓉因为输棋想要放弃的时候，教师的鼓励、同伴的支持，让她重拾信心，学会了在游戏中克服困难、保持情绪的稳定，懂得了看淡游戏结果，享受游戏过程的道理。

▶ **支持策略**

1. 作为对抗性的棋类运动，游戏结束后用视频的方式复盘，是棋手进行反思总结、提升技巧的有效方式和手段。同时能让幼儿更多关注比赛过程，知道下棋是一种需要思考和反复练习的运动。教师专门录制最后一局游戏的视频，无论输赢都要播放给全班小朋友看，希望通过视频，让其他小朋友们看到蓉蓉面对游戏坚持、不放弃的态度，肯定她遇到困难不放弃的良好品德。

2. 创设五子棋游戏是幼小衔接的一部分，大班下学期，有意识地为幼儿增加需要一定专注力和坚持性才能完成的游戏。幼儿在棋桌上学会了懂得礼貌、遵守规则；在不催促对手落子时学会了耐心等待；在落子无悔中懂得了做人就要负责任；在观棋不语中学会了尊重他人；赢棋时戒骄戒躁，输棋时要保持情绪的稳定……这些都是为入小学做的准备。

3.除了在棋类游戏中提升幼儿的抗挫品德外，教师还组织了登山活动，第一个爬上山顶的小朋友有特殊的奖励，望着高高的山，孩子们跃跃欲试，但走到半山腰就有一半幼儿想要放弃。最终，成功爬到山顶的幼儿，得到了奖励。在这个过程中，小朋友们明白了，输并不可怕，因为"人外有人，天外有天"。在登山的当天，班级的每位家长也领到了一个小任务：给孩子讲一讲自己失败的经历及失败后的感受，目的就是告诉孩子们越挫越勇的道理，要正视失败，乐观面对挫折。

（国防大学幼儿园·石家庄园　王虹）

室外游戏

视频二维码

动动脑筋想办法

案例背景

户外游戏时，小朋友们用各种不同的材料，搭建了一个“闯关赛道”，这个游戏吸引了很多人。琨琨排了很长时间的队，还是没有轮到他，于是他跑到了最后一关，倒着往前玩游戏，这一举动引发了大家的争论。

案例描述

澔澔红着脸说：“你不能这样，你要从起点开始闯关。”

琨琨噘着嘴说：“我都排了很长时间了，还没有轮到我呢。”

琨琨不听劝，继续玩，走到第六关的时候，他与杭杭撞到了一起。

杭杭大声喊道：“你都撞倒我了，不能这样倒着玩的。”

澔澔指着赛道说："如果你想玩，就从这关开始。"

澔澔帮助琨琨想到了一个好办法，让琨琨从第六关开始，顺着赛道的方向，继续往下一关玩。在澔澔的提议下，小朋友们都从不同的关卡开始闯关。解决了大家因为排队等待而不能玩的问题。可是没过一会儿，在每一关的开始又出现了拥堵现象。澔澔看了看第一关，又走到最后一关，然后喊来杭杭和安安一起将最后一关挪动到第一关的后面。

老师问："澔澔，你们挪动器械干什么呀？"

澔澔说："我们要把赛道围成一个圆形。"

老师说："你可以邀请大家一起来搬。"

不一会儿，长赛道被大家一起改成了圆形。小朋友们开始了"循环闯关"，再也没有出现拥堵的情况。户外游戏结束后，老师向幼儿分别展示了长赛道和圆赛道的图片，还邀请澔澔和其他幼儿分享了此次闯关游戏中的经验。

老师问："你为什么要把赛道改成圆形的呢？"

澔澔说："我看到赛道是一条长长的直线，大家都在排队，不好玩！我们就把赛道围成了圆形试试看。"

杭杭说："我们不用排队，还能一直玩了！"

老师说："澔澔在遇到问题的时候，能够动脑筋想办法，解决了困难，很棒！大家合作把直赛道改成了圆赛道，这样不仅减少了排队时间，也让更多的小朋友'循环闯关'玩到游戏。这个办法真不错！"

回到班里，老师拿着绘本说："我这里有一个故事叫《文彦博树洞取球》，我们一起看一看他想了个什么办法。"

老师说："文彦博动脑筋想办法，用水把树洞里的球取了出来，这就是机智的表现！那么在生活中，你们自己或者看到过别人还解决过什么样的困难呢？"

安安说："排队洗手的时候，我站的队伍人很多，我就排到了人少的队伍后面，很快我就洗完手了。"

亮亮说："收玩具的时候，地上有很多器械，我看到旁边有个小车，我就把积木都装在车里运过去，这样很快就收完了。"

杭杭说："敏捷圈挂到树上了，我们爬上椅子，拿下来了。"

老师说："小朋友们都很棒，希望你们以后在遇到问题时，都能动脑筋思考，想出好办法，去解决问题。"

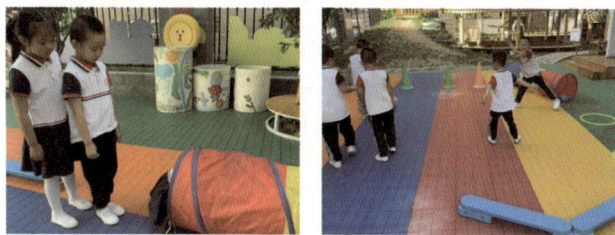

▶ **案例分析**

1. 大班幼儿思维灵活，喜欢动手动脑，探索材料。在此案例中，潗潗发现了问题，能够主动想办法并尝试用创造性的方式去解决问题，面对问题能够另辟蹊径，不受固定思维的影响，是机智品德中灵活应变维度的体现。

2. 教师鼓励幼儿大胆尝试，支持幼儿与同伴合作探究。还利用拍摄的图片，及时抓住教育契机，引导幼儿交流分享，帮助他们在交流中总结经验，给予肯定，增强了幼儿的自信心，加深了幼儿对机智品德内涵的理解。

3. 教师从机智品德中的思维灵活性和机智处理问题的能力两个维度，引导幼儿在遇到困难时发散思维、大胆想象、急中生智，体会机智行为带给自己的成功感、自豪感。

▶ 支持策略

1. 教师"启发式提问"引导幼儿独立思考。例如，在操作活动中多问幼儿"这个物品可以用哪种废旧材料来制作？""这个废旧材料还可以制作什么物品？"等问题，同时及时鼓励和赞扬幼儿独立思考的行为。

2. 教师通过情境讨论、游戏体验等方式，引导幼儿思考灵活化解矛盾和解除危机的方法，逐步学会自己处理问题。

3. 建议家长丰富幼儿的生活经验，鼓励幼儿大胆表达自己的想法，启发幼儿思考。例如，在逛街的时候走失了怎么办？有人说自己的坏话，该怎样应对？小朋友之间发生矛盾该怎样解决？

4. 向家长推荐亲子共读绘本，丰富幼儿认知与体验。例如，《邋遢熊和六只白鼠》《文彦博树洞取球》《我的幸运一天》等。

（石家庄市桥西区际华苑幼儿园　柳雅婷）

遇到困难多尝试

视频二维码

▶ **案例背景**

　　户外游戏时间开始了，轩轩和茜茜想要搭建一个有漂亮尖房顶的城堡。在搭房顶时，她们使用了两块长方形的积木，把它们斜靠在一起，拼出来尖尖的房顶。但是松手以后，房顶却塌了，整个城堡也被砸倒了。她们又试了两次，房顶还是塌了。

▶ **案例描述**

　　看着一堆倒塌的积木，茜茜叹了一口气说："哎呀，好难呀，搭不出来尖尖的房顶。"

　　轩轩："要不我们别搭城堡了，我们去玩别的吧。"

　　老师看到了这一情况，走了过来，询问幼儿："你们为什么不想搭了？是遇到什么困难了吗？"

　　轩轩："每次搭到房顶的时候就倒了，墙壁也被砸倒了，我们白搭了。"

　　茜茜："我们不想再重新搭了，好麻烦。"

　　轩轩："我们想搭一个别的。"

　　老师："我看到你们的城堡马上就要搭好了，墙壁也只是被砸倒了几块，还是可以补救的，再试试吧！"

轩轩捡起散落在地上的积木。

轩轩："我想接着搭，我想搭一个有漂亮尖房顶的城堡。"

茜茜："可是它们都倒了。"

老师："积木倒了是一件很正常的事情，一次不行，我们可以多试几次。我们来想一想积木为什么会倒呢？"

轩轩："我每次一松手，积木就滑下来了。"

老师："那我们可以想个办法，不让积木滑下来。"

老师拿起两块同样的积木块，拼成尖房顶，在地上模拟起来。

老师："仔细观察一下，怎样不让积木滑落下来呢？"

轩轩："我们拿个东西放在积木块的旁边，挡一下，不让它滑落下来。"

茜茜："我们用积木挡住试试吧。"

她拿过来一块积木，试着挡在旁边。

房顶还是滑落下来了，把积木也推下来了。

轩轩："这也不行，还是滑下来了。"

茜茜："我们再往上面加一块吧！"

这次房顶没有倒。

轩轩笑着拍起手来。

轩轩："我们成功了！"

老师："你们遇到困难别放弃，多尝试想办法解决问题。经过一次又一次的尝试，你们搭出了有尖尖房顶的城堡。"

▶ **案例分析**

1.大班幼儿喜欢尝试有挑战性的事情，轩轩和茜茜想要用两块长方体积木块斜靠在一起，搭出尖尖的房顶，这对她们来说有一定难度。

2.幼儿在面对困难和挑战时，易表现出心情低落、轻易放弃、不敢尝试等消极情绪和行为，需要教师耐心引导。

3.轩轩和茜茜在面对城堡的房顶反复倒塌这一问题时，一开始想要放弃，在教师鼓励支持下，正视困难，认真思考，努力尝试并克服困难。幼儿在游戏中逐步增强了解决问题的能力，获得成功体验，树立了自信心。

▶ **支持策略**

1.阅读区投放有关抗挫品德的绘本，帮助幼儿理解抗挫品德，如《达芬奇想飞》《树洞里的家》《我想赢也不怕输》《小黑鸡》等。

2.设计"抗挫小勇士"主题墙，让幼儿通过绘画的形式把自己在一日生活中遇到的挫折、自己战胜挫折的方法记录下来。幼儿可以通过主题墙和同伴交流，分享战胜挫折的经验。

3.鼓励家长与幼儿进行亲子谈话活动，引导幼儿分享自己遭遇挫折的过程及感受，帮助幼儿正视困难与失败，回顾抗挫过程，鼓励幼儿不放弃、不气馁，遇到困难多尝试，培养抗挫品德。

（石家庄市直机关第一幼儿园　董晓宁）

争当遵守秩序小标兵

视频二维码

▶ **案例背景**

　　足球游戏开始了，幼儿一窝蜂地跑到足球架前去拿足球，靠前排的几个女生最先跑到足球架前面，拿到球还没退出来，后面的小朋友就挤到前面了。骏骏大喊着："我还没取球呢，让我进去。"甜甜也大喊："你都挡着我们了，我们都出不去了。"

▶ **案例描述**

　　老师一声哨响，所有小朋友都待在了原地，这个时候老师走到幼儿面前。

　　老师："咱们这样取球安全吗？"

　　甜甜："不安全，我们都被挤着了。"

　　老师："那我们应该怎么取球呢？"

骏骏："排队，一个一个按学号来。"

老师："那我们就试一试按学号排队取球。"

幼儿快速地按照学号站好了一队列，取球哨声响起后，一个跟一个地拿到足球站到了队尾，老师在取球环节进行了计时。

老师："我们这次取球比上次好在哪里？"

乐乐："这样不乱，小朋友也不会受伤、不用挤都能拿到球。"

老师："对，这次是因为所有小朋友都遵守了秩序，所以才能快速有序地拿到球，那我们还能不能更快？怎样才能更快？"

凯凯："老师，我们可以两队分开拿球，男孩一队，女孩一队。"

老师："那我们再试试凯凯的这个办法。"

幼儿再次按照学号分成了男孩女孩两队进行取球，教师计时。

老师："我们第一次排成一队取球用时 29 秒，第二次我们分两队同时取球用时 13 秒。"

甜甜："哇！这也太快了吧！"

老师："从两次时间对比，你们发现了什么？"

甜甜："分两队取球比一队取球快。"

凯凯："我们不会互相碰到，这样安全。"

▶ **案例分析**

1. 大班幼儿已经能够理解和遵守一些简单的规则，但他们的自制力和纪律意识还不够稳定，所以导致取球环节秩序混乱。

2. 在出现取球秩序混乱时，通过教师抛出的问题，幼儿能够想到分学号、分男孩女孩的方式制定取球规则。在取球过程中能够遵守自己制定的取球规则。

3. 在活动中，教师及时引导幼儿思考讨论取球的秩序问题并制定快捷有秩序的取球办法。取球过程采用计时的方式，为幼儿提供两次取球时间数据，引导幼儿通过时间对比的方式直观地体会到遵守秩序的好处，理解遵守秩序能给大家带来便利。

▶ **支持策略**

1. 通过收放整理班级区域材料、玩具，在益智区投放棋类玩具，引导幼儿在整理归纳和棋类游戏中增强规则意识。对于幼儿遵守秩序的行为及时鼓励表扬，让幼儿体会到遵守秩序所带来的成就感。

2. 有规律地安排幼儿的一日生活，如，固定的时间吃饭、洗漱、讲故事、玩耍、睡觉等。规律的生活会让幼儿更有安全感，也有助于培养幼儿的秩序感。

3. 教师可以指导家长，在家庭中带幼儿进一步体验需要排队的场所，通过不断地实践和强化，感受秩序的重要性。同时家长要以身作则，遵守秩序当好榜样，引导幼儿建立起规则意识。

4. 指导家长鼓励幼儿在家多做家务，分类收纳整理自己的物品，家务劳动也有助于幼儿形成秩序感。

5. 向家长推荐亲子阅读绘本《红绿灯》，漫画式的夸张画风生动地呈现出撞到灯柱上的小汽车和严重拥挤堵塞的交通状况。通过有趣的故事让幼儿认识到不遵守交通规则带来的后果，进一步帮助幼儿了解遵守秩序和规则的重要性。

（石家庄市直机关第一幼儿园　赵建建）

微信扫码
AI 教学助手
内容图谱
知识图卡
保育笔记

承认错误有担当

视频二维码

▶ 案例背景

最近，班级里出现图书撕了小口子、黏土因盒盖没有及时盖好而变干的现象，却没人敢于承认。如何让幼儿在犯了错误时，能够勇敢地承认错误并承担责任呢？户外涂鸦活动时小凡给了我们答案。

▶ 案例描述

户外涂鸦区，小凡、凯凯等几位小朋友兴致高昂地进行创作。凯凯完成后把自己的作品《好看的花》夹在了展示绳上。他身后，小凡和几个小朋友还在透明雨伞上画着。小凡拿着小平头刷，蘸了一些蓝色的颜料，边往伞上甩，嘴里边嘟哝着："下小雨啦！下小雨啦！"

活动结束，小朋友们开始整理材料和自己的作品。凯凯突然大声说："谁在我的画上乱涂了？多了好几个蓝色的大点点！"小朋友和老师都看过去。"不是我，我没用蓝色。""我用蓝色了，可我没往凯凯的画上画呀！"小朋友们七嘴八舌议论着。

难道又要成没人承认的"案件"了吗？老师发现作品里用到蓝色的小朋友都在说不是自己，只有小凡皱着眉，使劲抿着唇，手里捻着画笔愣愣地看着凯凯的作品，一言不发思考着什么。老师边环视边温和地问："到底怎么回事呢？"最后微笑地看着小凡。过了一会儿，小凡长出一口气，说："我觉得，可能是我甩雨滴的时候不小心甩上去的。凯凯，对不起，要不我重新给你画一张。"凯凯说："我们都是拿笔画的，你怎么甩呢？""甩出来的更像小雨滴呀！"小凡拿着自己画的伞给大家看。"真的很像！""好像比画出来的还像呢！"小凡说："凯凯，要不我再给你的画甩点雨滴，就当花也下雨了吧！"凯凯想了想说："好吧，但你得甩好看点。""没问题！"

　　回到班级，老师让小凡讲述了事情的经过，并让小朋友讨论小凡行为的对错，对于小凡做了错事勇于承认并想办法补救的行为给予表扬。此后，班里破不了的"案件"少了，小朋友犯了错误都能主动承认并想办法补救。

▶ **案例分析**

1. 从小凡的表情、动作和语言不难看出，做错了事敢于承认，要经过很大的思想斗争，需要非常大的勇气。

2. 小凡是作画时不小心破坏了别人的作品。很多时候，幼儿做错事情是无心之举，成人不要一概而论，简单粗暴地给幼儿贴"撒谎""坏孩子"等标签。

3. 案例中教师没有直接问小凡，而是面向全体幼儿提出问题。教师的语气、动作、面部表情等都能起到正面引导的作用。

4. 幼儿做了错事，能够用自己想到的方式进行补救，教师不用过早、过多干涉。

5. 幼儿身边发生的事情更能引起幼儿的共情，达到良好的教育效果，比乏味的说教更有力度。

6. 活动空间的局限性、布局的不合理或者材料的不适合等因素会增加幼儿犯错误的概率。

▶ **支持策略**

1. 对于犯错的幼儿，教师不要逼问，可以先放一放，留给幼儿足够的时间去思考继而承认错误。

2. 幼儿犯错时，教师可以通过温和的语气、面部表情、动作等正面引导幼儿，避免幼儿因害怕受到惩罚而撒谎。

3. 幼儿做错事后如果没有意识到错误或者不敢承认，可以把事件编成小故事讲出来，和当事幼儿或者班级幼儿进行讨论，让幼儿认识到自己的错误，鼓励幼儿勇于承认，做个诚实的小朋友，及时肯定幼儿承认错误的行为。

4. 建议亲子共读勇于承认错误的相关绘本：《犯错了，没关系》《我不是故意的》《糟糕，又要被批评了》。

（石家庄市桥西区童星幼儿园　王雅静）

拯救动物园

视频二维码

▶ **案例背景**

在户外游戏中，城城、林林和泽泽利用标志桶、标志牌等器械进行动物园的初步搭建，有负责运输器械的，有摆放器械的。不一会儿，小小的动物园已经初具规模了。这时，"哗啦"一声，城城小朋友抬头一看，原来是然然突然骑小车闯入他们搭建的动物园区，导致一些器械倒了。这时，城城说："这可怎么办呢？"然然说："对不起，我不小心弄倒了。"这时，教师在旁边作为观察者，没有立即介入，而是观察孩子们如何自主解决问题，以此作为品德培养契机与小朋友进行交流分享。

▶ **案例描述**

游戏结束后，城城分享了今天的游戏故事，同时把拯救动物园这个小插曲进行了阐述。

然然："我今天骑小车的时候，不小心把他们搭建的动物园撞倒了，我跟他们说了对不起。"

老师："当小车闯入动物园时，搭建的器械倒了，当时你们是怎么想的呢？"

城城："然然跟我道歉了，他也不是故意的，我就原谅他了。我就想着怎么去把它修好。"

老师："首先，当你们遇到冲突的时候，第一时间通过道歉的方式去化解矛盾。然后，遇到困难不放弃，想办法解决困难。那你们想的什么解决办法呢？可以为小朋友们表演一下当时的情景吗？"

城城："我在旁边放了个警示牌，提醒大家不能通行。因为我见到我家旁边修路的地方有警示牌，人们看到就不过去啦！"

轩轩："请大家按照我的指挥行走，现在是红灯，请等待。"

泽泽："最后我们一起来给动物园加上围墙。"

老师："通过刚才小朋友们的情景表演，我发现你们在生活中善于观察，用生活中观察到的方法去解决遇到的问题，你们很机智哦！那我们还有什么办法避免这种情况发生？"

兰兰："骑小车不能骑到搭建的地方。"

然然："那我想去运器械怎么办？"

兰兰："如果要进去运器械，那我们可以修一条马路。"

老师："那大家可以把想法记录下来，下一次游戏的时候可以试一试。今天游戏时，当小朋友遇到困难的时候，大家能站出来主动提供帮助，体现了你们团结友爱的品德。"

▶ **案例分析**

1.幼儿能够将一定的生活经验与知识经验进行迁移，以生活经验帮助他们解决问题。如幼儿在生活中观察到修路的地方有警示牌，把此生活经验迁移到游戏中，提出可以放警示牌提醒大家。

2.在分享总结环节，教师及时对幼儿的分享进行有效反馈提炼。通过教师有效的提问策略，如从发生冲突时的感受想法、遇到问题如何解决、如何避免冲突三方面进行提问总结，帮助幼儿理解团结友爱的品德内涵，强化幼儿游戏中的品德行为。

3.当幼儿之间发生冲突，且他们具备解决问题的能力，教师作为活动的观察者和记录者，并没有立即介入，而是给予幼儿自主解决问题的空间，鼓励同伴协商解决问题。

4.团结友爱品德包含团结友爱意识与团结友爱行为两个层面。在意识方面，孩子们在遇到困难与冲突时，他们并没有因此放弃或者发生争吵，而是积极乐观去面对，努力寻找解决办法。在行为方面，当同伴遇到了困难，幼儿主动提供帮助；幼儿认真倾听他人意见进行尝试，在交流沟通中，改进搭建方法，找出解决问题的答案。

▶ 支持策略

1.通过主题谈话、情景讨论、绘画表征等方式引导幼儿探讨与同伴之间团结友爱行为，遇到冲突怎么办等话题，帮助幼儿感知体会团结友爱品德。

2.班级设置"好朋友悄悄话"区域，鼓励幼儿将自己开心的事或烦恼的事说给朋友听。

3.鼓励家长在家里与幼儿一起阅读有关团结友爱的绘本，例如

《一只奇特的蛋》《我有友情要出租》《敌人派》《你是我最好的朋友》等，帮助幼儿在阅读中强化对团结友爱的理解。

（石家庄市直机关第一幼儿园　魏琳）

微信扫码
AI 教学助手
内容图谱
知识图卡
保育笔记

拍球比赛

视频二维码

▶▶ 案例背景

　　户外游戏时几名幼儿自发组织了拍篮球比赛，在游戏中因为连续三轮比赛都是晨晨报的拍球次数最多，引起了小朋友们的争执。

▶▶ 案例描述

　　团团："晨晨，为什么每次都是你拍的次数最多？"

　　晨晨："对啊，我拍的最多了。"

　　团团："我就不信，我们再比一次。"

　　晨晨："好啊，大家再比一次。"

　　幼儿又开始新一轮比赛，晨晨喊停后，大家开始报自己的拍球次数。15个、18个、13个、20个、19个，幼儿纷纷报数。

　　晨晨最后一个报数："21个。"

　　团团："晨晨你多报数，你没有拍到21个。"

　　晨晨："我拍到了，我拍的最多。"

　　团团："你说谎，你明明没有拍到21个。"

　　其他幼儿："晨晨你说谎。"

　　幼儿争论了起来，并告诉了老师。

其实老师在刚才观察幼儿的拍球活动中已经发现晨晨多报数，但并没有马上说出来，而是让活动继续进行。

团团："老师，晨晨多报自己拍球的次数！"

晨晨："我没有。"

老师："大家既然是比拍球次数，就要遵守游戏规则，拍了几个就报几个，老师一会儿会与晨晨单独沟通。"

幼儿纷纷点头。

老师："比赛想要拍的次数多，最重要的是掌握正确的拍球姿势，谁来示范一下如何正确拍球呢？"

小尼："我想试试。"

小尼示范了正确拍球姿势。

老师："刚才小尼是怎么拍球的呢？"

团团："双脚打开，腿要蹲下去一点儿，背也要弯一点儿。"

淘淘："要一下一下拍，手要用力，要不然拍不起来。"

老师："对！拍球时双脚打开，屈膝半蹲，降低重心，五指分开用手指触球，不要用手心拍球。"

游戏重新开始，老师继续在旁边观察。

在后面几轮拍球时，晨晨报出了实际次数，晨晨和其他幼儿也注意到了拍球的姿势。

户外活动结束后，老师组织幼儿观看了介绍拍球比赛的视频并进行讨论。

老师："怎样才能在比赛中取得好成绩呢？"

小尼："要多练习，多拍球。"

淘淘："要按照老师说的正确姿势拍球，这样才能拍得又快又多。"

老师："小朋友们平时要多加练习，掌握正确的拍球方法，提高拍球技能。"

团团："比赛时是几个就说几个，不能说谎。"

老师："对，比赛时我们要诚实守信、遵守规则，保证比赛的公平公正。"

讨论结束后，老师与晨晨进行了单独谈话。

老师："晨晨，我们拍球时应该怎么报数呢？"

晨晨："要拍几个就报几个，不能多报。"

老师："为什么不能多报呢？"

晨晨沉默不语。

老师："在拍球时我们要诚实，如实报数，这样小朋友就知道你遵守游戏规则。"

晨晨："老师，我以后不会多报数了，拍了几个就报几个，这样小尼和团团也愿意和我一起玩儿。"

老师："晨晨能认识到错误并改正，老师给你点赞。希望你以后一直做一个遵守规则的孩子。"

▶ **案例分析**

1.幼儿出现案例中这种情况属于因争强好胜而说谎，是孩子的一种虚荣心的表现，同时反映出幼儿希望得到认可的心理需求。

2.对于这类说谎，教师应保护幼儿自尊心，不当面指责，与幼儿单独交谈。交谈后幼儿承认了多报次数这件事，并说以后拍几个就报几个，让幼儿认识到诚信并不是不做错事，更重要的是做错事时勇于承认自己的错误并能及时改正。

3.在拍球比赛中，幼儿缺乏正确的规则意识和公平的竞争意识，是引发争执的主要原因。教师通过播放拍球比赛视频并让幼儿讨论的方式帮助幼儿了解基本游戏规则，树立公平的竞争意识，让幼儿多关注比赛过程，弱化比赛结果，培养幼儿诚实的品德。

▶ **支持策略**

1.教师将诚实品德渗入幼儿的一日生活与游戏中，在日常活动中制定一些规则并严格要求。例如，班级里的物品不能带回家；没有得到别人的同意，不能随便拿别人的东西；借了别人的东西要及时归还；犯了错误要勇于承认；凡是答应了别人的请求就一定要想方设法去做好；等等。

2.建议家长要营造宽松的家庭氛围，消除幼儿紧张情绪，鼓励幼儿主动承认错误。当家长发现幼儿发生了不诚实行为时，不应指责和呵斥幼儿，这会加剧幼儿的恐惧、紧张心理，适得其反。家长要以温和、理解的态度和幼儿交流，让幼儿得到理解，放松心情，愿意主动承认错误。

3.向家长推荐诚信绘本，借助绘本《打破杯子的鼠小弟》《这不是我的帽子》《好想吃榴莲》《迟到的理由》让幼儿知道什么是诚实，什么是说谎；利用中华传统故事《狼来了》，使幼儿知道说谎会造成他人对自己的不信任；《立木为信》《一诺千金》《华盛顿与樱桃树》等故事让幼儿感受诚实守信的重要性。

（石家庄市直机关第一幼儿园　刘红阁）

第三节　导之以行——以实际行动为落脚点

园所环境

快乐分享　　　　　　视频二维码

▶ **案例背景**

在中班下学期"我的动物朋友"主题活动中，幼儿带来了纸箱、纸杯、塑料瓶等多种废旧材料，制作自己喜欢的动物和场馆。宁宁在制作长颈鹿时，选择了一个牙膏盒子。浩浩说："这个是我的，你不能用！"宁宁哭了起来。晨晨说："宁宁，你别哭了，我把我的盒子给你用。"教师以此为教育契机，把事情发生的过程录了下来，和幼儿进行分享讨论。

▶ **案例描述**

老师："看了这段录像，你们发现了什么问题？"

晨晨："浩浩不让别人用他带来的材料。"

朵朵："我们带到幼儿园的材料是大家一起用的，要分享。"

老师："我们除了可以跟小伙伴分享材料，还可以分享什么呢？"

朵朵："我们还可以分享自己高兴的事。"

晨晨："我想分享我的玩具。"

浩浩："我想分享好吃的。"

老师："不仅可以分享高兴的事，难过的事我们也可以跟伙伴说一说；我们可以分享自己的心情和物品，请小朋友们把这些分享行为画下来，贴在我们的展示墙上。"

幼儿在经过展示墙的时候，会跟旁边的小伙伴分享自己的画。

▶ **案例分析**

1. 幼儿需要通过与环境的互动进行认知和学习。幼儿参与制作的展示墙，对幼儿而言更有吸引力。

2. 幼儿通过对展示墙的观察，能够得到积极的暗示和正向引导，在思考讨论中，逐渐加深对分享的理解。

3. 中班幼儿分享意识处于萌芽阶段，能够在成人的引导下学会用分享的方式解决物品及游戏权利冲突。

4.教师引导幼儿进行了讨论，幼儿了解到了分享的含义及分享行为，感知分享的快乐。

▶ **支持策略**

1.教师及时表扬幼儿的分享行为，利用榜样的力量影响其他幼儿。

2.教师在表演区投放《林桃奶奶的桃子树》绘本表演的相关道具，幼儿在绘本表演中亲身体验分享的快乐。

3.鼓励幼儿在幼儿园或者家庭中进行关于分享的游戏，如快乐传声筒等，引导幼儿和小伙伴、教师以及爸爸妈妈进行分享。

4.利用晨间播报等环节，请幼儿讲述自己高兴或者不高兴的事，通过倾听别人高兴的事，体会分享心情的快乐；通过倾听别人不高兴的事，学会相互鼓励。

5.幼儿存在个体差异，尊重幼儿想法，对于不愿意分享的幼儿不强求。教师建议家长应当放平心态，不能碍于面子而强迫幼儿分享，要耐心倾听，了解幼儿不愿意分享的原因，可以告诉幼儿，分享并不是失去，而是能够带给自己更多的快乐。

（石家庄市直机关第一幼儿园　王思梦）

热爱劳动

视频二维码

▶ 案例背景

今天，室内游戏结束后，值日生开始打扫卫生。按照值日分工，有的扫地，有的收垃圾……值日结束，小朋友回到座位后发现桌子没有擦。佑佑说："辰辰是擦桌子的值日生，他忘了！"老师以此为契机，和小朋友们进行了一次讨论。

▶ 案例描述

老师："小朋友们，我们每天都有值日生来打扫卫生，但今天发生了一件事情，辰辰小朋友忘记了自己是值日生，导致桌子没有人擦。为了以后不再出现这样的情况，我们来想个办法吧！"

琳琳："我们可以互相提醒。"

宁宁："还可以让爸爸妈妈提醒我们。"

壹壹："可以把值日生的安排做成一个表。"

牛牛："做一个像我们之前做动物大调查那样的表！"

佑佑："可以画画，把每天干的活儿画出来，贴在墙上。"

老师："佑佑的想法非常好。现在我们就来一起制作这个表吧！值日生都有哪些任务呢？"

开心："扫地、擦桌子。"

明明："摆水杯、发碗。"

宁宁："还有拖地、给花浇水、挂毛巾。"

老师："除了这些任务，表格里还需要有什么内容呢？"

心心："写上今天是周几！我会写一二三四五！"

老师："对，表格里要有周几。那怎么让大家清楚地知道哪位小朋友负责哪一项值日呢？"

宁宁："把照片贴上去。"

老师："现在没有照片怎么办？"

壹壹："我们可以贴自画像呀！"

小朋友们按组分工，制作了值日生表格。

老师："我们的值日生表格已经完成啦，那你们觉得应该放在哪里呢？"

佑佑："我觉得可以贴在书架旁边的墙上。"

在老师的帮助下，小朋友们一起把它贴到了墙上，完善了值日生主题环创板块。

▶ **案例分析**

1. 中班幼儿处于前运算阶段，能使用一些表征符号，例如，画出值日生任务、自画像、标记号等进行表征。

2. 幼儿能够将制作动物调查表的前期经验迁移到制作值日生表格中，表格能够帮助幼儿进行自我提醒和督促，建立初步的劳动意识。

3. 发现没人擦桌子的问题后，教师通过开放性的提问，引导幼儿制作值日生表来解决实际问题。幼儿通过劳动，在日常生活中逐渐养成尊重劳动成果、关心他人、有责任心及热爱劳动的品德。

4. 师幼共同制作值日生表并张贴在环创主题墙上。主题墙除了具有自我服务的属性，还有服务他人的属性，让幼儿直观地看到值日分工任务，提升幼儿热爱劳动、主动劳动的意识，帮助幼儿养成爱劳动的好习惯。

▶ **支持策略**

1. 创立"我们爱劳动"主题板块，教师在日常生活中用照片、视频的形式记录幼儿主动劳动的瞬间，并和幼儿一起欣赏，增强幼儿劳动的荣誉感，提升幼儿热爱劳动的意识。

2. 增加环境创设主题板块"值日之星"，教师和幼儿共同选出积极主动参与值日任务、完成值日任务的小值日生，并为"值日之星"颁发奖状。

3.建议父母在家为幼儿创设劳动的环境，鼓励幼儿做力所能及的家务劳动，比如整理自己的衣服、整理玩具、摆放图书等。

4.建议亲子共读热爱劳动的品德相关绘本，如《古利和古拉》《洗个不停的妈妈》《阿利的红斗篷》《14只老鼠种南瓜》《小威利做家务》。

（石家庄市直机关第一幼儿园　王纯）

人文环境

打招呼

视频二维码

案例背景

打招呼是最基本的礼貌行为。小班幼儿入园有一段时间了，已经熟悉本班老师，晨间来园时能主动与本班老师打招呼或回应老师。但是，对于园所其他工作人员，他们还不能做到主动打招呼；其他工作人员主动打招呼，幼儿也不能给予回应。

案例描述

晨间来园时，老师在班级门口迎接小朋友们。当值班老师热情地对小奕说“早上好”时，小奕没有任何回应，只是扭过脸看了看。到班级门口看到本班老师却主动说：“老师早上好！”老师亲切地回应道：“小奕早上好！”老师问她：“小奕的声音很好听，刚才怎么不跟值班老师打招呼呢？”小奕噘着嘴说：“我不认识她们。”老师说：“她们也是咱们幼儿园的老师呀，和我们班的老师一样。”小奕整理着自己的衣服，小声地“哦”了一声。

晨谈活动时，老师和小朋友们一起讨论：是不是也要跟值班的老师打招呼？杭杭说：“值班老师跟我说‘早上好’了。”老师问道：

"值班老师跟你说'早上好'时，你是怎么做的？"杭杭招着手说："就这样。"老师对杭杭竖起大拇指，说："杭杭用招招手的方式来回应对方，这是有礼貌的行为。如果别人向我们打招呼，我们要给别人及时回应，可以招招手，也可以微笑看看对方，让对方知道我们听到他们打招呼了。你也可以大声说'早上好'来回应对方。这些都是有礼貌的表现。"

这时，小奕仍然说："我不认识值班老师。"其他小朋友也跟着说："我也不认识。"老师说："那我们就来认识一下她们吧！"

接下来的几天，老师陆续邀请了幼儿园其他工作人员（会计老师、图书馆老师、办公室老师等）进班与小朋友们亲密互动，并讲解他们的工作职责。

幼儿在园的一日生活中，园所每一位工作人员见到每一个小朋友都积极主动地打招呼。在这样积极温馨的人文环境熏陶下，小朋友们都有了进步，有的能够做到主动打招呼，有的能够积极地回应他人。

▶ **案例分析**

1.受到心理发展、生活经验等因素的影响，部分幼儿能主动和熟悉的人打招呼，却出于对陌生人的胆怯和害怕，不敢踏前一步，不愿意打招呼。

2.因幼儿个体差异和经验、认知的差异，不同幼儿表现出的打招呼方式有所不同。有些幼儿能够主动大方地打招呼，而有些幼儿可能只是用微笑或眼神等细微动作来回应对方。

3.教师不强迫所有幼儿去打招呼，但是在讨论中，要对于幼儿有回应他人的礼貌行为进行及时肯定，让幼儿知道有礼貌的表现可以是回应他人，也可以是主动打招呼。教师及园所其他工作人员积极主动打招呼，为幼儿树立了榜样，从而激发幼儿行为的主动性。

▶ 支持策略

1.邀请幼儿园其他工作人员进班级与幼儿亲密互动，并讲解工作特点，让幼儿熟悉除本班级以外园所其他工作人员。同时，让幼儿更加熟悉幼儿园，感受全园工作人员关心关爱小朋友们的浓厚氛围。

2.小班幼儿可塑性强、易受环境感染，教师及园所其他工作人员常态化积极主动地向幼儿打招呼，为幼儿创设了积极温馨的交往环境，使幼儿在人文环境中习得打招呼的方式。

3.师幼探讨更丰富的打招呼方式，支持和拓展幼儿主动打招呼的良好行为。每个孩子可以有属于自己独特的打招呼方式，如握握手、抱一抱、拍拍手、碰碰拳、鞠个躬、比爱心等等，让幼儿越来越愿意主动打招呼。

4.好的习惯需要反复练习才能达到最终效果。把讲文明、懂礼貌渗透在日常生活中的每一件小事、每一个动作。如用"请""您""谢谢""再见"等礼貌用语交流；不小心碰到别人要说"对不起"、不随便插话、不乱翻别人的东西等。教师以身作则，并及时鼓励和表扬幼儿讲文明、懂礼貌的行为。

5.建议家长也要发挥榜样示范作用，积极地引导幼儿，家园共育幼儿讲文明、懂礼貌的良好行为习惯。指导家长可用绘本进行亲子共读，引导幼儿学习主人公打招呼的方式。推荐绘本：《我会打招呼》《你好》《有礼貌的小熊熊》等。

（石家庄市直机关第一幼儿园　贾红然）

微信扫码
● AI 教学助手
● 内容图谱
● 知识图卡
● 保育笔记

珍惜粮食

▶ 案例背景

在就餐时，萌萌已经吃了很多了，见到其他小朋友添菜时，萌萌还会举手，到最后，萌萌碗里剩下很多饭菜，但她已经吃不下了，只好把饭菜倒进垃圾桶。

为了帮助小班幼儿尽快适应幼儿园集体生活，教师会邀请幼儿园中不同岗位的工作人员走进班级，向小朋友介绍自己的工作职责。鉴于发现班级里有浪费粮食的情况发生，今天，老师邀请厨师伯伯走进了萌萌所在的班级。

▶ 案例描述

今天，老师在集体活动时拿出了秧苗的图片，问道：小朋友们猜一猜，它成熟后会变成什么食物？

西西："是小草。"

敏敏："是青菜。"

老师："其实它是小秧苗，等它成熟后就能够变身成大米。老师向小朋友们出示了禾苗从小种子到生长成熟为稻谷过程的图片。"

老师："一粒小小的种子长成沉甸甸的稻谷需要农民伯伯的辛勤

劳动，他们需要把小秧苗插在田里，有时弯腰太久，腰都累得挺不起来了，夏天天气炎热，他们的汗水把衣服都浸湿了。"

琪琪："小苗苗长大需要好久。"

萌萌："农民伯伯真辛苦！"

老师："是的，农民伯伯呵护着小苗成熟非常不容易，老师今天邀请了厨师伯伯来向大家分享如何制作出香喷喷的米饭，我们一起欢迎他吧！"

厨师伯伯热情地向小朋友们介绍自己的工作职责，小朋友们一下子就被头戴厨师帽、身着厨师服的厨师伯伯吸引了。

厨师伯伯从袋子里掏出了很多成熟的稻谷，邀请小朋友们观察。

跳跳："这个米和我们吃的不一样。"

厨师伯伯："其实大米粒这时候还没有从稻谷里剥出来呢。"

厨师伯伯拿起稻谷用力搓了起来，把米糠吹下来，剥出了大米粒，小朋友们看到大米出现了，高兴地拍起手来。

厨师伯伯："最后大米还需要进入食堂里，把它从不能吃的生大米制作成可口、香喷喷的熟米饭。"

（播放厨师伯伯淘洗大米、浸泡大米、蒸大米的制作过程视频）

厨师伯伯："食堂的伯伯和阿姨们每天需要把幼儿园全体小朋友要吃的米饭蒸熟，然后再由老师把米饭分发给每一位小朋友，所以我们一起做一个约定：以后你们要爱惜每一粒米饭，不要浪费粮食哦！"

幼儿齐声："好！"

老师："小朋友们现在知道了米饭是如何制作出来的啦，我们跟厨师伯伯说再见吧！"

幼儿："厨师伯伯再见！"

老师："小朋友们现在知道香喷喷的大米饭送到小朋友的面前，需要农民伯伯辛勤种植和厨师伯伯辛苦烹饪，那大家一起来想一想，我们在吃饭时要怎样爱惜粮食呢？"

西西："吃饭时不把饭掉出来。"

跳跳："不挑食，把米饭和菜都吃完。"

老师："你们回答得很对，每一粒米都是农民伯伯的劳动成果，我们要珍惜粮食，那你们什么时候需要添饭呢？"

琪琪："还想吃就举手。"

萌萌："吃饱了，就不用添饭了。"

老师："是的，我们在举手时，要看自己的饭量。小朋友们如果没吃饱就举手，表示自己需要添饭；如果吃饱了还继续举手添饭，小朋友却吃不完，米饭只能倒进垃圾桶里，很浪费。所以，我们每个小朋友在举手添饭时要看自己的饭量，不够再添，珍惜粮食。"

▶ **案例分析**

1. 小班的幼儿初入幼儿园对于新环境不太熟悉，教师邀请厨师伯伯走进班级里与幼儿互动，借助园所人文环境，能够促进幼儿更快了解幼儿园生活，缓解入园焦虑。

此年龄段幼儿通过具体形象思维进行思考，厨师伯伯身着厨师服、头戴厨师帽的形象，符合幼儿认知的年龄特点。

2. 小班幼儿存在"互相模仿"的年龄特点，即使自己已经吃饱了，看到别人举手添饭时，也会举手模仿其他人。

3. 教师利用图片和视频帮助幼儿了解水稻生长的过程和米饭的制作过程，使幼儿感知粮食的来之不易，体会农民伯伯和厨师伯伯的艰辛。

4. 教师通过提问"我们在吃饭时要如何爱惜粮食呢？"引导幼儿回想自己吃饭的过程，促进幼儿主动思考，总结出吃饭时要根据自己的饭量举手添饭等节约粮食的好习惯。

5. 通过厨师伯伯与小朋友达成的共同约定，树立节俭意识，使幼儿知道不能浪费粮食，养成在餐桌上节约粮食，不随意倾倒饭菜的习惯。

▶ **支持策略**

1. 在班级中教师与幼儿一起创设珍惜粮食的环创活动。例如，张贴小麦、水稻等植物的生长过程图片、农民伯伯和厨师伯伯辛勤劳动的照片，以环境创设的方式帮助幼儿了解食物的来之不易，提升幼儿节约粮食的意识。

2. 鼓励幼儿在家中收集废旧物品，带来幼儿园进行制作活动，丰富自己的百宝箱，在自主游戏时制作物品，使用废旧物品制作的过程中不仅发挥了幼儿的创意，还能够培养幼儿的节俭意识。

3. 建议和指导家长在日常家庭生活中培养幼儿节约、节俭的意识。例如，水的循环利用，淘米水可以用来浇花，洗脸水和洗脚水可以用来冲厕所等。爸爸妈妈与幼儿一起讨论节约资源的好方法，幼儿来园后，可以将自己收集到的"节约小窍门"分享给老师和小伙伴。

4. 鼓励幼儿在家中邀请老人为幼儿讲述他们小时候勤俭节约的故事，让幼儿感受老一辈人艰苦奋斗、朴实无华的劳动精神。

（石家庄市直机关第一幼儿园　郜雅倩）

传统文化

重阳节

视频二维码

▶ **案例背景**

　　九九重阳节，是尊老敬老爱老的日子。尊敬老人，关爱老人，是中华民族的传统美德。中班年龄阶段很多幼儿都知道爷爷奶奶很疼爱自己，也知道重阳节是老人们的节日，但是却没有向爷爷奶奶们表达过自己对他们的爱。重阳节即将来临，教师和幼儿一起探讨如何为爷爷奶奶过一个难忘的节日，用什么样的方式表达对老人的爱和感恩之情。随即，幼儿开始了热烈的讨论。教师准备了讨论记录表。

▶ **案例描述**

　　老师："爸爸妈妈上班时谁来照顾你们？"

　　小朋友："奶奶、姥姥、爷爷、姥爷。"

　　老师："那爷爷、奶奶、姥姥、姥爷是怎样照顾你们的呢？"

　　小朋友："给我做饭、带我出去玩、陪我睡午觉、给我买好吃的……"

　　老师："爷爷奶奶这么爱你们，你们爱他们吗？"

小朋友："爱！"

老师："重阳节快到了，我们将邀请爷爷奶奶和姥姥姥爷来幼儿园一起为他们庆祝节日，表达我们对他们的感恩之情。"

老师："我们想一想可以为爷爷奶奶和姥姥姥爷做点什么来表达对他们的爱和感谢呢？"

浩浩："我要给爷爷奶奶做一个礼物。"

后面有几个小朋友都说做礼物给爷爷奶奶。

小朋友："我想做贺卡、我想做一朵花、我想做一辆大汽车……"

沐沐："我要给我姥姥送一块蛋糕。"

老师："你为什么要给姥姥送蛋糕？"

沐沐："我最喜欢吃蛋糕了，蛋糕可甜了。"

老师："嗯，原来你是想把自己最爱吃的食物送给姥姥。"

老师："你们用做礼物和送好吃的方式表达对爷爷奶奶、姥姥姥爷的爱和感恩之情，他们看到后一定会很开心。"

（老师将各种方法一一记录在表格中）

老师："除了送礼物，还有其他表达爱的方式吗？"

月月："我要给奶奶唱一首歌！"

老师："为什么选择唱歌？"

月月："我奶奶喜欢听我唱歌。"

老师："月月用唱歌的方式表达对奶奶的爱。"

小朋友们打开了思路，争先恐后地说："我给姥姥讲一个故事、我给奶奶跳舞……"

（老师记录在表格中）

老师："你们有这么多的想法，还要用表演节目的方式表达对爷爷奶奶和姥姥姥爷的爱，他们一定会很开心。"

老师："刚才小朋友们还说到当自己病了，爷爷奶奶会照顾你们，那他们有时也会身体不舒服，我们可以做点什么表达对爷爷奶奶和姥姥姥爷的关心？"

心心："我要给奶奶捶捶腿，我奶奶的腿疼。"

老师："哦！心心非常关心奶奶的腿，觉得给奶奶捶捶腿，奶奶的腿会很舒服。"

顺顺："我在家里也给姥爷揑肩膀，姥爷说肩膀不疼了，他还抱着亲了我。"

幼儿你一言我一语地讨论起来，小朋友们有说捶背的，有说揑胳膊的，有说打完针吹吹的……

（老师将这些方法一一记录在表格中）

老师："小朋友们真贴心，为爷爷奶奶和姥姥姥爷做了这么多事情，那我们一起准备吧。"

▶ **案例分析**

1.幼儿能在教师引导下结合实际生活经验，用自己喜欢的方式说出对爷爷奶奶的爱与爱的表达方式。

2.幼儿能在教师引导下结合实际生活经验，说出用不同的方式表达对爷爷奶奶的爱和感恩之情，逐步加深了对重阳节敬老主题活动的理解。

3.教师通过引导提问和讨论，让幼儿自己思考和表达。这种引导方式促进了幼儿自主性的发展；利用表格记录的方式将幼儿讨论内容进行梳理，帮助幼儿总结记录。

▶ **支持策略**

1.幼儿园开展重阳节敬老爱老活动，邀请幼儿的祖辈家长来参加。组织幼儿给老人捏肩捶背、敬茶、表演节目、拥抱老人、给老人剥橘子等活动环节。为幼儿创设尊老爱老的情境，增进与老人之间的情感。在丰富多彩的活动中巧妙地融入尊老的相关内容，让幼儿逐渐形成尊敬老人的意识。

2.教师利用碎片时间为幼儿讲读《爷爷一定有办法》《外婆变成了老娃娃》《奶奶的红披风》《我的爷爷是骑士》等绘本故事，幼儿可以从故事情节中体会主人公与长辈之间的深厚感情，从而萌发爱老人的情感。

3.鼓励幼儿在家里帮爷爷奶奶做力所能及的事情，用实际行动关爱老人，并将敬老爱老的行为用照片或者视频的方式记录下来，在班级中进行分享。

4.建议家长带幼儿去敬老院参观，为敬老院里的老人带去祝福和问候，帮助幼儿了解不仅要关爱自己的爷爷奶奶，还要关心和关爱其他老人，懂得尊老敬老的优良品德。

（石家庄市直机关第一幼儿园　杨文）

国庆节

视频二维码

▶ **案例背景**

国庆节到了，幼儿园进行了"迎国庆，爱祖国"系列活动。在活动中，幼儿学习了很多爱国歌曲。今天，幼儿园广播正在播放歌曲"国旗，国旗，红红的哩！五颗金星，黄黄的哩……"小朋友跟着唱起来。随后引发了小朋友们对国旗颜色的讨论。

▶ **案例描述**

回到活动室后，幼儿主动问老师："国旗为什么是红色的呢？"

文文："我知道！我妈妈说，是解放军叔叔的鲜血染红的。"

老师："是的，解放军叔叔用他们的生命保卫我们的国家，建立了新中国，才有了我们现在的幸福生活。你们知道新中国是哪一天成立的吗？"

凯凯："十月一日，这一天是国庆节。"

老师："对，这一天也是祖国的生日。我们的新中国已经成立七十多年了，我们发展得越来越强大，你们知道我们的祖国有哪些厉害的事情吗？"

甜甜："我们有很多火箭，宇航员叔叔都去过太空啦！"

文文："我和妈妈出去玩坐过高铁，特别快。"

小宝："我看过解放军叔叔的阅兵式，上面有很多厉害的武器。"

泽泽："我们举办过冬奥会，还得了好多好多奖牌呢！"

老师："小朋友们说了这么多很棒的事，作为一个中国人你们觉得骄傲吗？"

小朋友们纷纷表示很骄傲。

老师："那我们把这些值得骄傲的事情画下来，当作给祖国妈妈的生日礼物好吗？"

小朋友们异口同声地说"好！"随后进入绘画区开始创作。

▶ **案例分析**

1. 大班幼儿处于个性倾向和道德观念形成的萌芽期，他们对祖国已具备初步的了解，也充满了好奇，此时正是培养爱党爱国情感与行为的黄金时期。

2. 教师通过抓住教育契机，逐步引导幼儿回忆国家的一些重大成就，激发幼儿的民族自豪感。

3.教师通过引导幼儿以绘画的形式为祖国妈妈献礼物，将幼儿的自豪感具象化，强化幼儿的爱国之情。

▶ **支持策略**

1.爱国主义教育具有潜移默化的特点。教师和幼儿一起利用祖国美景、传统节日节气等资源，共同创设爱国系列主题墙，让爱国主义氛围在无形中影响幼儿，产生情感共鸣。

2.将爱国主义教育融入幼儿的一日生活中，教师在晨间阅读和图书角投放《鸡毛信》《小萝卜头》《红星闪闪放光彩》等关于红色故事的绘本，让幼儿自主阅读；在每天的"新闻播报"环节，让幼儿分享自己了解的、听到的红色故事，来感受对祖国的热爱和尊敬。

3.教师和幼儿可以共同创设一个属于幼儿园的"红色迷宫"。在党史故事迷宫走廊中，有幼儿耳熟能详的红色故事和现代中国的飞速发展场景，幼儿可以在迷宫中了解中国共产党在浴血奋战中涌现出的英雄人物，了解中国的飞速发展。

4.通过节日活动激发幼儿爱国主义情感，利用清明节、劳动节、国庆节等节日，带领幼儿开展"生动、灵动、联动"的节日课程，参观烈士陵园、革命先辈纪念馆，组织幼儿开展"唱响红歌"等活动，开展情境式爱国主义教育活动。

5.利用家园互动和开放日活动，教师向家长讲解开展爱国主义教育的目的、意义、方法及要求，通过家园共育来提升幼儿爱国主义教育的实施效果，鼓励家长抓住生活中的教育契机，利用绘本、场馆等资源，激发幼儿的爱国之情。

（石家庄市桥西区际华苑幼儿园　王艳柳）

春节

视频二维码

▶ **案例背景**

　　室内游戏时，月月一边玩彩泥一边说："这是饺子，我最喜欢吃饺子。"牛牛说："过年的时候我妈妈也包饺子，不过我最喜欢放鞭炮。"小宇说："过春节我们就回老家了。"琪琪说："过春节我们放了很多烟花，特别漂亮。"一一说："过春节的时候，我和爸爸还在门口贴了红色的春联。"老师听到幼儿讨论过春节的事情，便对他们说："今天回家以后，请小朋友们和爸爸妈妈一起调查过年可以做什么，明天我们一起来分享。"

▶ **案例描述**

　　第二天，一一带了绘本故事《年兽来了》，并和小朋友们分享了这个故事。

　　老师说："一一和我们分享了年兽的传说，小朋友们，春节还能做什么事情呢？"

　　畅畅说："妈妈说，春节是我们中国人最重要的节日。每到春节，一家人就会团聚在一起。"

　　娜娜说："过春节会扫房子、包饺子、收红包。"

　　老师说："说得很好，春节是一个团圆的节日，每当到了春节，人们都会回到自己的家乡和亲人团聚。今天，我看到有小朋友拿了画来到幼儿园，他们把和爸爸妈妈一起调查的内容用绘画的形式记录下来，请他们给大家讲一讲。"

　　琪琪一边指着画面上的内容一边说："过春节时，我在四川老家，那里有一个很有名的大佛叫乐山大佛，它是石头雕刻的，我和爸爸妈妈还一起去看过，非常大，爸爸说那是我们中国最大的一尊佛像。我在老家吃年糕，我奶奶蒸的年糕特别甜，每次过春节我和爸爸妈妈就会坐火车回四川的老家。我最喜欢吃奶奶做的腊肉，特别好吃。我和小叔还一起贴春联、放烟花。"

涵涵指着自己的画，说："我的家乡就在石家庄，我和爸爸妈妈一起去过西柏坡，妈妈说西柏坡是重要的革命纪念地。我很喜欢去滹沱河边放风筝。过春节的时候我还和爸爸妈妈一起去了正定古城门看花灯，我们还吃了正定的特色美食八大碗，非常好吃。"

老师说："每个人的家乡过春节都有不同的风俗习惯，不同的美景，不同的美食，我们都非常爱自己的家乡，感谢小朋友们带来的分享。"

▶ **案例分析**

1.通过幼儿分享绘本故事，了解春节的来历，感知春节的节日氛围。通过分享绘画，增长见闻，了解家乡的春节传统风俗，进而萌发爱家乡的情感。

2.通过生成春节大调查活动，为幼儿提供自主探究、自主学习的环境，使幼儿知道获取知识的多种途径，激发幼儿的好奇心和求知欲。

3.教师发现幼儿游戏活动中的教育契机，及时引导，调动幼儿学习的主动性，增强幼儿对家乡春节风俗习惯的了解，感受家乡独特的风土人情，提升幼儿家乡归属感和自豪感。

▶ **支持策略**

1.教师利用区角进行延伸活动，将有关各地风俗习惯、名胜古迹、名人事迹、美食美景等内容的绘本投放到阅读区。

2.教师创设主题墙"我家乡的春节"。从幼儿游戏中生成春节主题、幼儿与家长调查、幼儿以绘画的形式分享等内容，以图片或图画的形式张贴到主题墙上，幼儿相互观看，增加幼儿见闻，同时增强幼儿爱家乡、爱祖国的情感。

3.家园共育。

（1）推荐亲子阅读绘本，例如《我的家乡》《年兽的故事》等，让幼儿在阅读中了解更多家乡的风俗习惯或美食美景，强化幼儿爱家乡、爱祖国的情感。

（2）建议家长利用节假日带幼儿去旅游，在实景实地中感受各地风土人情、山川美景，开阔视野、增长见闻，感受家乡、祖国的美好。

（石家庄市桥西区际华苑幼儿园　杜梦茜）

第四节 持之以恒——以协同发展为支撑点

家教贴士

为了帮助园所有效地开展品德家园共育，本书从中选取部分家庭品德培养的有关策略，制作成一系列家庭教育小贴士，由教师通过班级微信群及时分享给家长，提醒家长在日常生活中参照具体方法，持续运用品德家长课堂所学理论知识与培养策略，轻松、有效地指导幼儿开展品德学习，帮助幼儿养成良好的品德。

一、家长如何学会放手

（一）减少包办代替

自己的事情自己做，让孩子从力所能及的小事开始逐步尝试做，例如，自己穿衣、吃饭、如厕、洗漱，逐渐过渡到自己整理和收纳物品。

（二）不要过度保护

家长尤其是家里老人心疼孩子是无可厚非的，这容易导致当孩子想要自己尝试做一些事情时，大人担心孩子会受伤就会制止孩子的行为，这样做无形中会扼杀孩子的独立意识。

（三）放手不等于放任

对于年幼儿童而言，家长需要有意识地培养他们的独立性，这需要科学的方法而不是纯粹的"放任不管"，家长要做到在保证安全和遵循品德要求及行为规范的基础上鼓励孩子多尝试。

二、创造利于孩子独立的家庭环境

（一）让孩子帮忙做家务

让孩子多参与家务劳动是提升孩子独立性的良好途径之一，在家中家长要让孩子多参与力所能及的事情，例如，扫地、擦桌子、收拾碗筷等。

家长不要担心孩子做不好，因为只有做了才会做得越来越好。同时在做家务的过程中也能提升孩子的责任感。

（二）多做"懒"家长

当孩子遇到小困难时，家长不要第一时间冲上去帮忙解决，而是先启发孩子自己想办法，鼓励孩子自己先尝试，让孩子通过自己的力量来解决，在此过程中家长只需要给予一定的指导和协助。

（三）给孩子提供独立的生活空间

孩子需要拥有自己的独立空间，父母应该为孩子提供一个独立的、专属的小空间，孩子可以在这里阅读、玩玩具、做游戏等。

三、营造利于孩子分享的家庭环境

（一）让孩子先拥有，感受拥有带来的安全感。家长不能一味地鼓励孩子分享，而是应该让孩子先有足够的时间和机会去感受拥有，知道哪些物品是属于他的，这些物品他有权支配。当孩子充分体会到拥有和自主支配所带来的安全感时，就会减少分享时带来的焦虑感。

（二）引导孩子理性看待同伴的不分享行为

孩子对分享的理解是"互惠互利"，当他做出分享时，会期望对方也分享给自己，如果对方不愿意分享时，孩子会感到怀疑和困惑。这时，我们可以告诉孩子，物品的主人有权力决定要不要分享，不分享可能有别的原因，例如：

1. 他可能想自己先玩一会儿！

2. 他忘记拿用来分享的物品了。

3. 他还没有掌握分享的方法呢！

（三）教孩子礼貌拒绝分享

当孩子面对心爱的物品、不熟悉的人、对方强势要求分享等情况时，家长要理解他的不分享行为，并教会孩子如何礼貌地拒绝分享。我们可以教孩子这么说：

1. 这是我的玩具，我想自己一个人玩。

2. 我拿另外一个玩具给你玩，怎么样？

3. 我正在玩，我想过一会儿再跟你一起玩。

4. 玩具很容易坏，我担心你会弄坏它。

四、提升节约意识

（一）父母以身作则

家长在日常生活中为孩子做好榜样。消费要有节制，购物时也要思考自己是否真的需要，到底有没有必要买，避免出现冲动消费后物品闲置的情况。

（二）知道珍惜资源的重要性

家长要让孩子知道地球资源是全世界人民共享的，很多地方缺乏水、电、天然气等，世界上每天有很多人因为缺乏资源而生活在水深火热之中，懂得珍惜资源也是在帮助他人。

（三）废旧物品再利用

废旧物品再利用是节约很重要的体现，在这个过程中不仅发挥了孩子的创意，同时让孩子体验到不起眼的垃圾废物居然也能通过智慧摇身一变装点我们的生活。

（四）家中资源物尽其用

生活中我们要尽量利用资源。例如，水的循环利用，洗脸水用来洗脚，然后用来冲厕所；洗米水用来洗手也可以直接用来浇花等。

（五）践行光盘行动

"光盘行动"是要告诫我们珍惜粮食，反对浪费。无论是在家里吃饭还是在外面的餐馆吃饭，都要做到吃多少做多少，吃多少点多少，避免铺张浪费。

五、给孩子承担责任的机会

孩子力所能及的事情父母不要包办代替，例如，擦桌子、椅子；独自铺床；吃完饭以后，把脏碗拿到水池边；大人做饭时在旁边帮忙择菜、洗菜、递物品；帮助妈妈把叠好的清洁衣服放回衣柜；照顾植物、宠物；准备第二天要穿的衣服等。

六、营造创意的家庭氛围

（一）家庭氛围轻松自由

家庭氛围轻松、和谐、自由、宽松、包容，孩子才能有足够的空间发现问题、探索问题，进行"奇思妙想"。

（二）多带孩子参观各类展馆

带孩子参观科技馆、工厂、动物园、展览等，多接触社会与大自然，给予孩子有效经验和丰富的刺激。

（三）多参与家务劳动

让孩子多参与家务劳动，并且锻炼孩子自己的事情自己做，有助于孩子在体验劳动的过程中，迸发出新奇有趣的想法。通过做家务激发孩子多动脑想办法，用创意思维巧妙地解决生活中的问题。

七、激发孩子的创意思维

（一）尊重孩子的想法

面对孩子天马行空的想法，家长应该给予肯定、鼓励，尊重孩子的奇思妙想，因为这些正是创意的来源。

（二）鼓励孩子多尝试

思考与动手是创意的来源，当孩子迸发出灵感时，家长不要怕孩子弄乱物品或是担心孩子给自己添麻烦而拒绝孩子探索，影响孩子去实现自己的想法。家长要鼓励孩子去实践，不要只停留在想法阶段，要去多尝试。

（三）经常开展头脑风暴

和孩子一起开展头脑风暴，鼓励孩子开动脑筋多想办法，可以以一个问题为切入点：这是什么？为什么？怎么做？鼓励孩子尽可能多地去说出问题的答案或者解决问题的方法。

（四）注重思考的过程

在孩子探索的过程中，家长不要评价孩子的创意和想法，应关注于让孩子有更多的想法。

亲子游戏

　　亲子游戏是家庭教育的重要方式之一。教师可根据实际情况，向家长推荐符合幼儿年龄特点的亲子游戏，使家长在游戏过程中与幼儿建立亲密的亲子关系，更深入地了解幼儿，进而有效地促进幼儿心理和身体的发展。

　　以下品德亲子游戏旨在帮助家长在陪伴幼儿游戏的过程中渗透品德教育，使幼儿在游戏中深化品德认知，强化品德行为，提升品德修养。

一、亲子绘画制作

（一）小动物们的感恩行为（感恩）

活动目标

　　1.家长和孩子一起查找动物之间、动物与人类之间发生的温暖的感恩行为。

　　2.让孩子从小树立人与自然和谐相处，关爱小动物的意识。

活动准备

　　记录本、画笔、剪刀、胶水等。

活动过程

1. 家长和孩子一起查找与动物感恩行为相关的故事、新闻或者是自己亲身经历过的事。

2. 帮助孩子把他找到的或者最感兴趣的情节"记录"在自己的记录本中。可以用绘画的方式，或者将找到的图片打印下来，粘贴在自己的小本本上。

3. 家长和孩子一起选出一个最能代表感恩的动物，把它画下来，家长在孩子的画作旁边为这个动物写上一句与感恩相关的介绍。如小狗、海豚……

4. 家长可以鼓励孩子将自己找到的与动物感恩行为相关的故事分享给老师和其他小朋友，鼓励孩子自己讲述故事内容。

（二）相亲相爱好朋友（友爱）

活动目标

1. 知道好朋友之间应相亲相爱，要互相关心、互相帮助。

2. 愿意主动向好朋友表达关心和想念。

活动准备

三种不同颜色的彩纸各一张、画笔、胶棒、儿童安全剪刀。

活动过程

1. 用两种颜色的彩纸各剪下爱心的一半和一个长方形纸条。

2. 两半的爱心拼成一个完整的爱心，粘贴在第三种颜色的彩纸上。

3. 将两条彩色纸条画出图案并正反折叠，制作出手的形状并进行粘贴。

4. 对手工作品进行装饰，如画上好朋友的典型特征，画出想跟好朋友说的话、做的事等。

（三）画家中的平面图（秩序）

活动目标

加深孩子对地图的理解，帮助孩子养成良好的秩序感以及培养孩子的空间感。

活动准备

画纸、画笔。

活动过程

1. 家长和幼儿回忆故事《亨利的地图》，引导孩子说一说："亨利画的地图中都有哪些小动物的家？"

2. 家长引导孩子观察自己的家，说一说从一进门开始，自己会路过家中的哪些区域？卧室在哪里？客厅在哪里？厨房在哪里？卫生间在哪里？

3. 家长和孩子一起在白纸上绘画出家中的平面图，将每一个区域记录清楚。

4. 家长可用画好的平面图引导孩子初步认识前、后、左、右等方位，初步提升孩子的空间感。

（四）脚印变变变（机智）

活动目标

1.通过活动帮助孩子进一步了解故事，理解故事中关于"机智"的内涵。

2.在绘画的过程中激发孩子创想，锻炼孩子的想象力和思维灵活性。

活动准备

白色画纸若干、水彩笔若干。

活动过程

1.家长提问：读完《邋遢熊和六只白鼠》，你还记得小老鼠在树林里遇到了哪些想要吃掉自己的动物吗？（狐狸、猫头鹰和蛇）邋遢熊让小白鼠变成了什么？邋遢熊告诉敌人这是什么？（月亮苹果、野鸡蛋、雪球）

2.家长和孩子探讨：你觉得邋遢熊聪明吗？（他把毛茸茸的白球说成别的物品，动物们都相信了，真厉害！）

3.家长发起活动：我们一起玩个好玩的游戏，叫作"脚印大变身"，仔细看你怎么给自己的脚印变身，会不会比邋遢熊还聪明呢？

4.脚印变身活动：

第一步：给孩子几张白纸，让孩子光脚踩在白纸上，用笔把脚的轮廓画出来。

第二步：让孩子在自己的脚印上任意添画，变成各种各样的图案。

5.请家长拍摄孩子制作的过程和制作成品，将照片分享到班级微信群里。

（五）制作表情小卡片（积极）

活动目标

家长和孩子一起制作卡片的过程中，培养孩子对不同情绪的理解，帮助孩子正确地表达自己的情绪情感。

活动准备

水彩笔、硬卡纸、剪刀、双面胶。

活动过程

1.和孩子一起商讨出各种情绪类型，如生气、难过、伤心、害怕等。

2.亲子一起画出情绪对应的表情。

3.将画完的表情图剪下，制作成小卡片。

4.父母陪孩子说一说和制作的表情小卡片相对应的事情，加深孩子对情绪的理解。

二、亲子游戏

（一）复原蛋壳（诚实）

活动目标

1.使孩子理解问题总会有解决的方法，要主动承担责任。

2.在拼装和粘贴蛋壳的过程中，锻炼孩子的耐心和动手操作能力。

活动准备

敲碎的蛋壳（不要太碎，蛋液处理干净）、双面胶或胶带、儿童剪刀等。

活动过程

1.家长创造话题：宝贝，鸡宝宝不小心把蛋给打碎了，它已经向鸡妈妈承认错误了。我们一起帮帮它，把蛋壳修好，好吗？

2.家长拿出蛋壳碎片、双面胶或胶带、儿童剪刀，和孩子一起耐心地将蛋壳修补好。

3.修补完蛋壳后，家长问孩子：你觉得鸡宝宝勇敢承认错误，然后再想办法让事情变好的做法对不对？我们也向鸡宝宝学习吧！

4.家长将孩子修补鸡蛋壳的过程和成果拍成照片分享至班级微信群。

（二）你做我猜（合作）

活动目标

1.锻炼孩子的观察力、联想力和表达能力，增加亲子默契。

2.体会和爸爸妈妈合作游戏的快乐。

活动准备：各种动物、各种运动的图片题卡20张、沙漏或计时器。

活动规则

1. 游戏分为猜词者和比划者。1 人为猜词者，2 人为比划者。

2. 比划者随机抽取一张题卡，2 名比划者合作表演题卡内容，猜词者限时 1 分钟答题。

3. 若猜词者在规定时间内说出正确答案则继续答题。

4. 若猜词者在规定时间内未能说出正确答案，则换人答题。

5.20 张答题卡全部完成后，猜对题卡数量最多者获胜。

注意事项

比划者必须两人合作表演，可用肢体动作和语言描述向猜词者传达信息。语言描述时不得说出题卡词语中的同音字。

（三）被挤烂的丸子店（秩序）

活动目标

通过本次活动加深孩子对"排队"这一秩序行为的理解，同时借助游戏的形式，增强亲子之间的亲密关系，共同体验合作的乐趣。

活动准备

黏土、纸盘、桌子。

活动过程

1. 家长和幼儿回忆故事《被挤烂的丸子店》，引导孩子说一说："故事中买丸子的那群人遵守秩序吗？他们懂得排队吗？不排队的后果是什么？"

2.家长和孩子一起，利用黏土制作"丸子"，并装入纸盘中。

3.家长和孩子一起玩"丸子店铺"游戏，商量决定谁当售货员，谁当顾客。

4.售货员开始吆喝售卖美味的丸子，顾客先是模仿不守秩序、不排队的人，将丸子店挤坏了，再重新排好队买美味的丸子。

5.角色互换重复游戏，增强幼儿的排队意识。

（四）一起猜谜语（机智）

活动目标

1.在猜谜语的游戏中开动孩子的脑筋，锻炼孩子的思维能力。

2.提高孩子语言能力的同时，丰富孩子对食物的认知和特点的把握。

活动过程

1.家长发起活动：我们一起来玩猜谜语的游戏，你仔细听我说的是什么，然后说出你想到的答案。

2.亲子猜谜语：家长说谜面，孩子猜谜底。有难度的谜语，家长可以引导孩子根据谜语中的线索进行想想，直到孩子猜出谜语来。

家园社同步

　　家庭、幼儿园、社会是幼儿成长的重要场所。幼儿通过与教师、家庭、社会的持续互动，逐步建立起对周围世界的认知。通过"请"进来、"走"出去、家长课堂等活动形式，形成家园社教育合力，拓宽幼儿学习途径，丰富学习内容，帮助幼儿获得更直接的社会体验，促进幼儿的品德发展。

一、"请"进来

　　充分发挥家长资源，把家长"请"进来，让家长参与幼儿园的教育与管理，实现家园相互配合，协同发展，更好地为幼儿的发展保驾护航。

　　在阅读节系列活动中，通过邀请家长进班讲故事、亲子绘本剧巡演等方式，让幼儿感受到不同形式的活动内容；通过讲故事、绘本剧表演等形式，使幼儿在轻松愉快的氛围中领悟品德内涵，潜移默化地影响幼儿的行为。同时能让家长亲身体会到幼儿园的教育理念，家园工作形成合力。

　　邀请家长进行职业介绍。通过家长的分享，使幼儿懂得每个人都在为社会的发展创造不同的价值，每个职业都有自己的责任。家长的以身作则、言传身教，使幼儿受到正确的道德引导，更有助于幼儿品德行为的培养。

在传统节日重阳节活动中，邀请老人进园参加活动。通过为老人敬茶、捶背、送手工作品、进行传统游戏等活动方式，让幼儿初步了解重阳节的风俗习惯，感受自己与老人之间浓浓的亲情，通过自己的行动表达对老人的爱，培养幼儿尊老爱老的传统品德，将品德之根植于心。

二、"走"出去

为了扩展幼儿的学习空间，开阔幼儿的视野，寓教育于各项活动之中，幼儿园也要组织幼儿"走"出去。幼儿参与生活实践的体验学习模式，最大限度地满足了幼儿通过直接感知、实际操作和亲身体验获取经验的需要。

组织幼儿去烈士陵园扫墓、参观龙山蜡像馆等，让幼儿从小接受革命教育，感悟红色精神与英雄情感，是弘扬传统文化、赓续红色血脉的重要途径。

组织幼儿去博物馆，提升幼儿对国家历史文明和人文艺术的了解，开阔幼儿视野，增强文化自信。

组织幼儿去爱国主义教育基地，引导幼儿从小热爱祖国、热爱人民、热爱家乡，培养幼儿家国情怀和民族自豪感。

总之，幼儿园通过开展多元化的活动，培养幼儿良好品德和行为习惯，落实立德树人的教育目的。

三、家长课堂

为进一步彰显园所专业性，促进家长对幼儿品德培养的能力，同时结合大中小班幼儿年龄发展特点，家长课堂采用线上、线下交替开展的模式，结合班级实际情况，每月选择一种家长课堂开展形式，提升家长的品德教育能力。同时，通过家长课堂的专业指导和教学策略，不断提升教师的家庭教育指导能力。

为了充分发挥每月品德家长课堂的最大价值，有效开展品德家园共育，可以通过日常化的、温馨的提示卡，提醒家长在日常生活中，持续运用本月家长课堂所学品德理论知识与培养策略，轻松、有效地指导幼儿开展品德学习，帮助幼儿塑造良好的品德。

微信扫码

● AI 教学助手
● 内容图谱
● 知识图卡
● 保育笔记

附录：评估量表

参考文献

[1] 李学文. 中国袖珍百科全书社会科学卷 [M]. 北京：长城出版社, 2001.

[2] 冯华. 儿童德育概论 [M]. 杭州：浙江少年儿童出版社，1990.

[3] 王夫之. 船山遗书：第六卷 [M]. 北京：北京出版社，1999.

[4] 卢乐珍. 幼儿道德启蒙的理论与实践 [M]. 福州：福建教育出版社，1999.